Wahre Geschichten

UM

SACHSENS LETZTE KÖNIGIN

Aufgeschrieben
von Dagmar Vogel

TAUCHAER VERLAG

WAHRE GESCHICHTEN NR. 18

Vogel, Dagmar:
Wahre Geschichten um Sachsens letzte Königin / Dagmar Vogel
1. Aufl. – [Taucha]: Tauchaer Verlag, 1995
ISBN 3-910074-34-0

Satz, Reproduktion, Druck und Buchbinderei:
Offizin Andersen Nexö Leipzig GmbH
Printed in Germany
ISBN 3-910074-34-0

INHALT

Vorwort 6

Familienschicksale 7

Kindheit und Jugend in Mähren 11

Die Konversion 15

Albert von Sachsen 18

Die Traumhochzeit 26

Die Menschenfreundin 31

Die kleine Residenz 37

Carolas soziales Engagement 45

Reiselust 54

Familienleben 61

Die letzten Jahre 67

Epilog 72

Quellenverzeichnis 78

Bildnachweis 80

VORWORT

Von allen weiblichen Mitgliedern des Hauses Sachsen gelangte Königin Carola bereits zu Lebzeiten zu einer wahrhaft volkstümlichen Popularität. Ihr Engagement für sozial Benachteiligte brachte ihr die Achtung und Sympathie der Bevölkerung in einem Maße ein, wie dies vorher keiner sächsischen Kurfürstin oder Königin gelang.

Die Komplexität ihres Wirkens ließ Carola zu einer »Mater Pauperum et Decus Saxoniae«, zu einer »Mutter der Armen und Zierde Sachsens« werden.

Das, was uns heute als sozialer Besitzstand selbstverständlich erscheint, wurde von ihr vor etwa eineinhalb Jahrhunderten aus Humanismus und Nächstenliebe ins Leben gerufen.

Die Umwälzungen des 20. Jahrhunderts ließen Leben und Wirken Königin Carolas weitgehend in Vergessenheit geraten.

Die Autorin hat versucht, anhand der noch existierenden gedruckten und geschriebenen Quellen sowie aus den Erinnerungen der älteren Generation das Leben von Sachsens letzter Königin nachzuerzählen.

D. V.

FAMILIENSCHICKSALE

Das ausgehende 18. Jahrhundert bescherte dem Königreich Schweden zahlreiche innenpolitische Erschütterungen. Am 17. März 1792 fiel König Gustav III. Adolf während eines Maskenballs in der Stockholmer Oper der Kugel eines Attentäters zum Opfer. Man hatte den König vor dem Besuch des Festes gewarnt. Große Teile der schwedischen Hocharistokratie standen ihm in unverhohlener Feindschaft gegenüber. Es waren gerade drei Jahre her, daß Gustav III. die großen adligen Familien des Landes politisch völlig entmachtet hatte. Der König schlug die Warnungen seiner engsten Vertrauten in den Wind. Der Ball verlief ohne verdächtige Vorkommnisse, und Gustav III. bereute seinen Entschluß nicht, das Fest besucht zu haben. Gegen Mitternacht verließ er das Opernhaus. Im Gedränge kam er nur schwer voran. Plötzlich wurde er von mehreren Masken umdrängt ... »Bonjour, beau Masque!«, hörte der König das Stichwort ..., da krachte der tödliche Schuß! Am 29. März 1792 starb Gustav III. Adolf nach zwölftägigem schweren Todeskampf. Guiseppe Verdi setzte dem Schwedenkönig mit seiner Oper »Der Maskenball« ein musikalisches Denkmal.

Gustav III. hinterließ einen minderjährigen Thronfolger; der Bruder des Königs übernahm für

diesen bis 1796 die Regierungsgeschäfte. Am 1. November 1796 bestieg der junge Prinz als Gustav IV. Adolf den schwedischen Königsthron. Auch ihm sollte keine glückliche Regierungszeit beschieden sein. Auf dem Kontinent begann der kometenhafte Aufstieg eines unbekannten Revolutionsgenerals, der der jacobinischen Schreckensherrschaft über Nacht ein Ende gesetzt hatte. Er hieß Napoleon Bonaparte.

Bald befand sich Gustav IV. in politischem und militärischem Widerstreit mit dem von Sieg zu Sieg eilenden Korsen. Er verlor 1807 Vorpommern und Rügen an den Franzosenkaiser, die letzten Bastionen einstiger schwedischer Größe. Im Land kam es erneut zu einer Verschwörung gegen den König. Am 10. Mai 1809 wurde die Königsfamilie verhaftet und Gustav IV. Adolf samt seinen Nachkommen von den Reichsständen des Thrones enthoben. Auf Schloß Gripsholm harrte der König mit den Seinen eines ungewissen Schicksals. Nach neunmonatiger Gefangenschaft und der Einverständniserklärung seines Thronverlustes durfte Gustav IV. Schweden verlassen. Er nannte sich fortan Oberst Gustavson und nahm seinen Wohnsitz im Ausland. Mit der erzwungenen Abdankung Gustav IV. Adolf endete die Herrschaft der Wasa in Schweden. Im Land der Mitternachtssonne hatte man das regierende Herrscherhaus zwar gestürzt, aber die Institution der Monarchie zog man deswegen keinesfalls in Zweifel. Die schwedischen Reichsstände sahen sich in Europa nach einem zukünftigen Repräsentanten ihres Staates um. Sie fanden ihn in Frankreich. Es war der

Sohn eines Juristen aus dem cascognischen Pau: Jean Baptiste Bernadotte. Ursprünglich einer der engsten Vertrauten Napoleons, von diesem mit Titeln und Ämtern überhäuft, nahm Bernadotte bald Verbindung mit jenen Generalen und Senatoren auf, die der Politik des Kaisers voller Erbitterung gegenüberstanden. Während Napoleon die achtzehnjährige Erzherzogin Marie-Louise, die Tochter Kaiser Franz I., zum Altar führte, nahm Bernadotte das Angebot aus Stockholm an. Am 21. August 1810 wählten ihn die Reichsstände zum Kronprinzen von Schweden. Das heutige schwedische Königshaus geht auf ihn, als seinen Ahnherrn, zurück.

Als Gustav IV. auf Schloß Gripsholm der Krone entsagen mußte, war sein Sohn gerade zehn Jahre alt. Welche Zukunftsaussichten konnten sich dem jungen Prinzen eröffnen? Prinz Wasa entschied sich für eine Militärkarriere in der österreichischen Armee. Im Jahre 1833 hatte er es bis zum Generalmajor und Brigadier gebracht. Er lebte vorzugsweise in Wien. Die Kaiserstadt war gleichzeitig der Garnisonsstandort seines Regiments. Drei Jahre zuvor hatte er Louise von Baden geheiratet. Das erste Kind aus dieser Verbindung, ein Sohn, starb kurz nach der Geburt. Um so größer war die Freude, als nach zweieinhalbjähriger Ehe abermals ein freudiges Ereignis ins Haus stand. Am 5. August 1833, eine Stunde vor Mitternacht, erblickte im kaiserlichen Lustschloß Schönbrunn ein Mädchen das Licht der Welt. Fürst Colloredo bestätigte in seiner Eigenschaft als Obersthofmarschall und Hofkommissar, daß bei der

Geburt alles mit rechten Dingen zugegangen und das Neugeborene auch tatsächlich von blauem Blute war. So konnte die kleine Prinzessin zwei Tage später nach evangelischem Ritus durch den Wiener Superintendenten auf die Namen Caroline Friederike Franziska Stephanie Amalie Cäcilie getauft werden. Prinzessin Louise von Wasa, die mit der gleichfalls in Schönbrunn wohnenden Erzherzogin Sophie sowohl verwandt als auch befreundet war, nahm das Angebot des Kaiserhauses gerne an, und bezog für die Zeit vor und nach der Entbindung das in der Nähe des Schloßkomplexes gelegene »Stöckl«. Das Stöckl war ein Rokokoschlößchen. Es lag am Ende des Schönbrunner Schloßparks. Unter Maria Theresia erbaut, diente es ihrem Staatskanzler Wenzel Kaunitz und seinen Nachfolgern als Sommersitz.

Das Leben der kleinen Prinzessin Caroline spielte sich hauptsächlich am Wiener Hofe ab. Sie verkehrte mit den Kindern des böhmischen Adels und mit den gleichaltrigen Erzherzoginnen und Erzherzögen. Ihre Eltern hatten ein Stadtpalais im Zentrum Wiens gemietet. In den Sommermonaten zog man sich aufs Land zurück, wo die Familie in Hacking bei Wien ein Landhaus besaß. Der Lieblingsaufenthalt der kleinen Prinzessin wurde jedoch Schloß Eichhorn in Mähren.

Hoch über dem Tal der Schwarzawa, nordwestlich von Brünn, erhob sich die ehemals landesfürstliche Burg Eichhorn. Ihren Namen verdankte sie wohl ihrer Lage auf den schroffen Felsen, für deren Erklimmen es der Geschicklichkeit jener flinken Kletterkünstler bedurfte. Der Sage nach soll es ein Herzog Konrad von Mähren gewesen sein, der im 11. Jahrhundert die Burg erbauen ließ, nachdem er während eines Jagdausfluges vor Ort eingeschlafen war und von einem imposanten Schloß geträumt hatte. Aufgewacht, bemerkte er besonders viele Eichhörnchen, die er vorher nicht gesehen hatte. Er beschloß den Burgbau und wählte die munteren Tierchen zu ihrem Namenspatron.

In dieser uralten Ritterburg verbrachte Prinzessin Caroline die Sommermonate. Ihre Mutter hatte den Vornamen in die Koseform »Carola« abgewandelt. Er bürgerte sich rasch ein, denn Prinzessin Wasa fand ihn hübscher und moderner, so daß sich kaum noch jemand an den eigentlichen Taufnamen der Prinzessin erinnern konnte. Für Prinzessin Carola war Schloß Eichhorn ein echter Abenteuerspielplatz. Was gab es da nicht alles zu entdecken? Die Burg war von gewaltigen Ringmauern umgeben. Trutzige Wachttürme ragten in den Himmel. Eine alte Steinbrücke mit wuchtigen Bogen verband die

Felsen, auf denen das alte Gemäuer stand. Die Prinzessin besaß eigene Wohnräume. Sie lagen neben denen ihrer Mutter. Vom Balkon ihres kleinen Salons aus konnte Carola aus schwindelnder Höhe weit in das Tal der Schwarzawa schauen. Hohe Felswände stiegen rechts und links empor, in die sich der Fluß im Laufe der Jahrhunderte sein Bett gegraben hatte. In ausgedehnten Wanderungen mit ihrer Mutter und ihrer englischen Erzieherin, die sie durch herrliche Laubwälder führten, lernte die Prinzessin ihre Umgebung kennen. Oft besuchte sie das zwei Wegstunden entfernte Tischnowitz des Reichsfreiherrn von Vittinghoff-Schell. Der Freiherr hatte zwei Töchter, mit denen sich die Prinzessin rasch anfreundete. Manchmal wurde der Besuch bei den Freundinnen zu einem Abenteuer für sich. Ging ein Gewitterguß nieder, schwoll die Schwarzawa zu einem reißenden Fluß an, der die Furt für die Pferde unpassierbar machte. Im Spätherbst zwangen den Kutscher vereiste Ufer oft zur Umkehr. Dann blieb nur das Warten auf besseres Wetter und die Beschäftigung mit sich selbst.

Im Jahre 1844 wurde die Ehe der Prinzessin Louise von Wasa geschieden. Für Carola bedeutete die Trennung ihrer Eltern auch den Abschied von Schloß Eichhorn. Obwohl sich Louise von Wasa um den Erwerb der alten Burg bemühte, kam der Kauf nicht zustande. Carola liebte diese reizvolle Gebirgslandschaft über alles. Der Abschied von Schloß Eichhorn fiel ihr unsagbar schwer. Prinzessin Wasa versuchte, für sich und ihre Tochter ein neues Domizil

zu finden, das annähernd die gleichen landschaftlichen Reize bot wie Burg Eichhorn. Nach einigem Umhören im Bekanntenkreis erwarb sie von der Gräfin Fünfkirchen das Schloß Morawetz. Morawetz lag nicht weit von Tischnowitz entfernt, inmitten der reizvollen mährischen Mittelgebirgslandschaft. Zum Schloß gehörte ein ansehnlicher Grundbesitz von mehr als 2000 Hektar Wald und Feld. Hinzu kam die Jagd. Prinzessin Wasa konnte mit dem Erwerb ihres neuen Besitzes zufrieden sein. 1846 zogen Mutter und Tochter auf Morawetz ein. Das Schloß war zwar nicht so schön wie Eichhorn, nach einem Brand hatte man nur ein Stockwerk wieder aufgebaut, aber es besaß immerhin 63 Zimmer und drei große Säle. Ein weitläufiger Park mit großen alten Linden und Kastanien lud zum Spielen und Spazierengehen ein. Prinzessin Carola wurde auf Morawetz rasch heimisch. Das Landleben sagte ihr sehr zu. Sie liebte Tiere, die Natur und zeigte großes Interesse für Land und Leute. Innerhalb kürzester Zeit beherrschte sie Tschechisch in Sprache und Schrift. Die Prinzessin machte sich damit zum Anwalt der sozial Schwachen, für deren Belange sie stets ein offenes Ohr hatte.

Auf Morawetz lebte man im Stil des begüterten Landadels. Im Sommer wurden Ausflüge unternommen. Man besuchte die Nachbarn auf den umliegenden Schlössern oder lud sie zu sich zu Gast. Prinzessin Wasa war eine begeisterte Schachspielerin, Carola und ihre Freundinnen vertrieben sich die Zeit mit eigenen kleinen Theatervorstellungen. Hin

und wieder reiste die Prinzessin zu ihrem Vater nach Hacking bei Wien oder zu ihrer Großmutter nach Mannheim und Baden-Baden. Im Jahre 1849 hieß es für Carola, von Morawetz Abschied zu nehmen. Prinzessin Wasa, ihre Mutter, war seit langem schwer herzkrank. Außerdem litt sie unter starkem Asthma. Ihr Gesundheitszustand verschlimmerte sich zusehends. Ein längerer Aufenthalt in südlichen Breiten war dringend angezeigt. Die Reise führte von Mähren nach Tirol. Die unberührte Alpenlandschaft mit ihren gewaltigen Gebirgsmassiven beeindruckte Carola sehr. Besonders gut gefiel ihr die mediterrane Landschaft Südtirols mit Meran und Bozen. Hier entdeckte die Prinzessin ihre Liebe zur Malerei. Sie nahm Unterricht und brachte es im Laufe ihres Lebens als Hobbymalerin zu ansehnlichen Erfolgen. Den Winter 1849/50 verlebte Carola mit ihrer Mutter in Venedig. Erst im Spätsommer 1852 sollte sie das heimatliche Morawetz wieder betreten, wo ihr von der Bevölkerung ein herzlicher Willkomm bereitet wurde.

DIE KONVERSION

Die erste Hälfte des Jahres 1852 verbrachte Carola bei ihrer Großmutter, der Großherzogin von Baden. Mit knapp 19 Jahren konnte ihre Erziehung als abgeschlossen gelten. Diese sollte nun mit der Konfirmation nach lutherischem Ritus ihren offiziellen Abschluß finden. Carola konnte ihre verwandschaftliche Herkunft auf Gustav Adolf und Karl XII. von Schweden zurückführen, jene unerbittlichen Streiter für den Protestantismus, so daß niemand den geringsten Zweifel an einem problemlosen Verlauf jenes festlichen Ereignisses hegte, das junge Menschen ins Erwachsensein entläßt. Um so überraschter reagierte Carolas Umgebung, als sie sich weigerte, konfirmiert zu werden und statt dessen ihren Vater bat, katholisch werden zu dürfen. Prinz Wasa reagierte mit einem entschiedenen Nein. Dabei befand sich seine Tochter mit ihrem Wunsch in bester Gesellschaft. Gustav Adolfs Tochter Christine hatte im 17. Jahrhundert sogar auf den schwedischen Thron verzichtet, bevor sie in Innsbruck, am Grab Kaiser Maximilians, zum katholischen Glauben übertrat. Auch Carola erlag, wie so manches gekrönte und ungekrönte Haupt vor ihr, der Faszination des süddeutschen, böhmischen und italienischen Barock, jener Suggestion aus Kunst und Religion, die den Katholizismus erlebbar macht. Sie

fühlte sich von ihm angezogen. Die väterliche Weigerung, ihrem Wunsch stattzugeben, stürzte Carola in eine tiefe seelische Krise. Prinz Wasa erkannte, daß seine Tochter nicht bloß einer plötzlichen Laune folgte, sondern daß ihr Konversionswunsch

Prinzessin Carola von Wasa.

ernst gemeint war. Trotzdem unterzog er die Tochter einer Prüfung. Der Prinz bestand darauf, daß sich Carola längere Zeit von ihrer Mutter und ihrer Großmutter trennte und bei seiner Schwester, der Großherzogin Sophie von Baden, regelmäßig protestantischen Religionsunterricht erhielt. Sollte die Tochter nach dessen Abschluß noch immer den Wunsch zum Konvertieren haben, würder er akzeptieren und dem Glück seines einzigen Kindes nicht im Weg stehen. Carola willigte schweren Herzens ein. Am schlimmsten war für sie die Trennung von ihrer Mutter. Die neue Umgebung am Hof von Karlsruhe und die Pflichtstunden in einer Religion, die ihr nichts geben konnte, verschlimmerten ihren körperlichen und seelischen Zustand. Nach einem Besuch bei seiner Tochter gab Prinz Wasa seinen Widerstand auf. Der Versuch, Carola beim Luthertum zu halten, mußte als gescheitert betrachtet werden. Die Prinzessin kehrte zu ihrer Mutter nach Baden-Baden zurück. Am 4. November 1852 legte sie in der Pfarrkirche zu Morawetz das katholische Glaubensbekenntnis ab. Der Brünner Bischof, Graf Schaffgotsch, erteilte ihr die erste Heilige Kommunion. Kurze Zeit später lernte sie Albert von Sachsen kennen.

Am 6. November 1852 reisten die Prinzen Albert und Georg von Sachsen zur Jagd nach Mähren. Sie waren Gäste des Erzherzogs Albrecht von Österreich, der sie beide nach Seelowitz, südlich Brünns, eingeladen hatte. Ihr Jagddomizil war nur wenige Wegstunden von Morawetz entfernt, so lag es nahe, der benachbarten Schloßherrin und ihrer hübschen Tochter ihre Aufwartung zu machen. Die sächsischen Prinzen ließen sich abends durch einen Boten für den anderen Tag anmelden. Das Wetter zeigte sich von seiner denkbar schlechtesten Seite. Schnee und Nebel verhinderten rasches Fahren. So waren Albert und Georg ganze sieben Stunden unterwegs, bis ihr Wagen im Schloßhof von Morawetz wohlbehalten einfahren konnte. Carola hatte erst wenige Monate zuvor ihren 19. Geburtstag gefeiert. War auch der Weg nach Wien nicht weit, so freuten sich beide Prinzessinnen doch über jede Abwechslung. Der Besuch der sächsischen Gäste war daher hochwillkommen, denn die trüben Novembertage sind in alten Schlösern oftmals eher langweilig als romantisch. Allerdings war man sich auf Morawetz durchaus bewußt, daß der Besuch des sächsischen Kronprinzen mehr als nur ein Höflichkeitsbesuch unter fürstlichen Gutsbesitzern war.

Prinz Albert stand zu dieser Zeit im 24. Lebensjahr. Es war also an der Zeit, daß er sich unter den

königlichen Häusern Europas nach einer passenden Braut umsah. Der sächsische Kronprinz erblickte am 24. April 1828 in Dresden als Sohn des Herzogs Johann zu Sachsen und dessen Gemahlin, Amalie Auguste von Bayern, das Licht der Welt. Seine Geburt wurde von der sächsischen Bevölkerung mit großer Begeisterung aufgenommen, denn auf dem kleinen Prinzen ruhte die Hoffnung des Landes, die überalterte, dem Aussterben nahe, albertinische Linie der Wettiner zu neuem Leben zu erwecken. So hatten sich die Dresdner jene laue Frühlingsnacht vom 23. zum 24. April 1828 mit Hoffen und Bangen um die Ohren geschlagen. Als dann eine halbe Stunde nach Mitternacht dreimal 60 Kanonenböller die ersehnte Geburt des Thronfolgers verkündeten, kannte die Begeisterung keine Grenzen. Am »Italienischen Dörfchen« versammelten sich die besonders Königstreuen. Hier, inmitten jener kleinen Häuser, die einst von den Künstlern erbaut worden waren, die den Statuenschmuck für Chiaveris Katholische Hofkirche fertigten, herrschte das regste Treiben. Das südländische Flair der kleinen Winkelkneipen, zahlreicher Gärtchen und romantischer Lauben zog die Nachtschwärmer magisch an. Sie liefen mit Champagnerflaschen in Richtung Augustusbrücke und luden jeden Vorübergehenden ein, einen kräftigen Schluck auf das Wohl des Neugeborenen zu trinken. Der Tag war kaum erwacht, als die Dresdner in einen regelrechten Freudentaumel gerieten. Am darauffolgenden Sonntag, es war der 27. April, fand in allen Kirchen Sachsens ein Fest-

gottesdienst mit Dankgebet statt. In der Katholischen Hofkirche sang man das Te Deum. Die Landeshauptstadt Dresden feierte ihren Thronprätendenten mit einem Land- und Wasserfeuerwerk, wie zu August des Starken Zeiten. Erst unlängst hatte die Stadt die Gasbeleuchtung eingeführt. Im Schein der eigens für die Geburtstagsfeier Prinz Alberts aufgesteckten Festbeleuchtung erinnerte die Residenz an ihre glanzvollsten und besten Tage.

Prinz Albert von Sachsen war ein überaus gutaussehender junger Mann. Er machte auf Carola sofort einen tiefen Eindruck. Umgekehrt war es nicht anders. Zeigte sich die Prinzessin auch anfangs zurückhaltend, wurde ihre Schüchternheit bei der ersten Begegnung mit Albert durch die rege Konversation ihrer Mutter und der anwesenden Töchter des Freiherrn Vittinghoff-Schell elegant überspielt. Der Tag verging mit Gesellschaftsspielen. Zum Diner erschien Carola in einem einfachen weißen Kleid mit roten Schleifen. Prinz Albert war entzückt. Im Laufe des Abends kamen sich die jungen Leute näher. Die Prinzessin verlor ihre anfängliche Scheu – Gott Amor hatte leichtes Spiel. Albert erging es mit Carola von Wasa, wie seinem kaiserlichen Freund Franz Joseph mit (Sisi) Elisabeth in Bayern – es war Liebe auf den ersten Blick!

Die hübsche Carola hatte mit ihrer gewinnenden Herzlichkeit und ihrem Charme schon einigen Männern den Kopf verdreht. Im Sommer 1852 hatte sie – wie schon erwähnt – mehrere Wochen bei ihrer Großmutter Stephanie von Baden verbracht, der

Prinz Albert von Sachsen.

Adoptivtochter Napoleons I. Die Großherzogin führte Carola in die große Welt ein. Im mondänen Baden-Baden, wo sich das ganze Jahr über der europäische Hochadel ein Stelldichein gab, wo rus-

sische Großfürsten beim Roulett und beim Pferderennen an einem Tag das Jahresbudget eines Kleinstaates verspielten, lernte die Enkeltochter des letzten schwedischen Königs den Prinzen Louis Napoleon kennen, einen Neffen des berühmten Korsen. Louis Napoleon bekleidete zu dieser Zeit

Louis Napoleon.

das Amt des Präsidenten der französischen Republik. In Baden-Baden war er auf Brautschau. Carola von Wasa gefiel ihm ungemein. Sie hatte blaue Augen, eine hohe Stirn, dunkelblondes Haar, das in Flechten locker in den Nacken fiel, ein ebenmäßiges Gesicht und eine schlanke Figur. Louis Napoleon, der Mann »mit den ungeheuren Wünschen und beschränkten Fähigkeiten«, wie ihn Zeitgenossen charakterisierten, bat um ihre Hand. Fast wäre Carola Kaiserin der Franzosen geworden, aber Louis Napoleon war nicht der Mann ihrer Träume. Napoleon III. verwand seinen Korb schnell. Er heiratete Eugenia de Guzman, Marquesa de Montijo, eine Dame aus altem spanischen Adel. Auch ein preußischer Prinz machte sich vergeblich Hoffnungen auf die schöne Schwedin. Aber als sie Albert von Sachsen kennenlernte, gab es für Carola weder Zögern noch Bedenken. Sie waren beide füreinander bestimmt! Kaum nach Dresden zurückgekehrt, drängte Prinz Albert seinen Vater, für ihn um die Hand der Prinzessin zu werben. Er schwärmte von Carola in den höchsten Tönen, so daß Herzog Johann von den ernsten Absichten seines Sohnes überzeugt war und mit den Eltern seiner zukünftigen Schwiegertochter über eine Verbindung der beiden Fürstenkinder sprach. Prinz und Prinzessin Wasa gaben ihre Zustimmung gern. Die Entscheidung lag jedoch allein bei Carola.

Das erste Wiedersehen zwischen Carola und Albert fand am 4. Dezember 1852 auf Morawetz statt. Beide standen sich etwas steif und verlegen gegen-

über. Der folgende Tag, es war ein Sonntag, sollte die Entscheidung bringen. Eine taktvolle Umgebung hatte die jungen Leute einige Zeit allein im Salon gelassen. So fand Prinz Albert Gelegenheit, die alles entscheidende Frage zu stellen, – und Carola sagte, wenn auch mit einigem Herzklopfen, ja. Noch am gleichen Tag fand die Verlobung statt.

Zehn Tage später teilte Prinz Johann dem befreundeten König Friedrich Wilhelm IV. von Preußen das Glück seines Sohnes in einem Brief mit: »Liebster Freund! Wenn man das Herz recht voll hat, so kann man nicht stumm seyn, besonders gegen seine besten Freunde. So geht es mir heute. Du bist zwar schon von Amelie's Brief an Lise (Elisabeth von Bayern, Gemahlin Friedrich Wilhelms IV. und Zwillingsschwester Amalies, D.V.) von der Verlobung Alberts mit Carola Wasa unterrichtet. Es drängt mir aber dir zu sagen, wie glücklich ich über diese Verbindung bin, besonders da es ganz Alberts eigene Wahl und Herzenssache ist. Über Carola herrscht übrigens nur eine Stimme, daß sie ein ganz deliziöses Wesen ist. Es muß auch in der Tat so seyn, denn Albert ist nicht so leicht Feuer fangend, war aber sofort, nachdem er sie gesehen, ganz mit sich einig und hat ein ächtes Bräutigamsgesicht aus Morawetz zurückgebracht. Er scheint auch scinerseits gefallen zu haben; wenigstens erlangte er das Jawort sehr schnell und erhielt seit seiner Abreise einen sehr glücklichen Brief von Carola …«

Am 10. Februar 1853 reiste Prinz Johann mit seiner Familie nach Brünn, wo Prinzessin Wasa und

ihre Tochter den Winter über wohnten. Als er Carola persönlich kennenlernte, konnte er die Begeisterung seines Sohnes Albert gut verstehen. An Friedrich Wilhelm IV. schrieb er kurz darauf: »… In Brünn habe ich alles in Glück und Wonne verlassen und war von Carola wahrhaft entzückt. Es ist ein deliziöses Wesen, die lieblichste reinste Mädchenhaftigkeit, Herzensgüte und Freundlichkeit selbst. Das Verhältnis der beiden jungen Leute macht das Herz im Leibe lachen. Sie lieben sich gegenseitig aufs innigste und haben ein so herzliches und delicates Benehmen untereinander. Gott segne sie.«

Die glücklichen Februartage in Brünn wurden jäh von der Nachricht eines Attentats auf Kaiser Franz Joseph von Österreich unterbrochen. Der Kaiser war in Wien allein auf der Bastei spazieren gegangen, als ihn ein Mann hinterrücks mit einem Dolch anfiel. Franz Joseph hatte jedoch Glück, der schwere Goldkragen seiner Uniform fing den Stoß ab, so daß er nur eine leichte Verletzung davontrug. Der Attentäter, ein Ungar, der den niedergeschlagenen Aufstand seines Volkes von 1848 gegen das Haus Habsburg rächen wollte, bezahlte mit seinem Leben. Prinz Albert reiste sofort zu seinem »lieben Franzy« nach Wien. Der Kaiser mußte über drei Wochen das Bett hüten. Albert leistete ihm während dieser Zeit Gesellschaft. Nach seiner Rückkehr nach Dresden begannen die Vorbereitungen für seine Hochzeit mit Carola von Wasa.

Fürstenhochzeiten können von jeher das Privileg für sich in Anspruch nehmen, sich der besonderen Aufmerksamkeit der Öffentlichkeit zu erfreuen. Heiratet gar der präsumtive Thronfolger, steigert dies das Interesse des Publikums ins Außerordentliche.

Die Verlobungszeit zwischen Carola und Albert währte lediglich ein halbes Jahr. Sachsens Kronprinz nutzte während dieser Zeit jede Gelegenheit, seine Braut in Brünn zu besuchen.

Anfang Mai 1853 reiste Albert zu den Auerhahnjagden Kaiser Franz Josephs. Carola und ihre Mutter verlegten ihren Wohnsitz von Brünn nach Morawetz zurück. Bald hieß es für die Prinzessin, Abschied von ihrem bisherigen Leben zu nehmen. Er fiel ihr schwerer, als sie dachte. In einem Brief an eine Freundin schrieb Carola: »Zum letzten Male werde ich dort (in Morawetz, D.V.) zu Hause sein. Mein Herz thut mir weh, wenn ich an die Grenze von Österreich denke, ich liebe das gute Land mehr, als ich selbst weiß. Die schwere Trennung von der guten Mama, alle neuen Pflichten, die mir bevorstehen, in eine ganz andere Familie eintreten, sie als die meinige betrachten, dann der Umstand, daß ich doch eigentlich eine sehr verzogene Person bin, verzogen durch Liebe und unendliche Nachsicht nicht nur

von den Meinigen, sondern von allen Leuten die ich kenne …«

Mitte Juni 1853 war es soweit. Die beiden Prinzessinnen reisten mit ihrem Gefolge von Morawetz nach Prag. Hier erwartete sie der sächsische Oberkammerherr von Könneritz, der für den reibungslosen Verlauf der Weiterreise nach Sachsen Verantwortung trug. Besondere Sorge bereitete ihm der schlechte Gesundheitszustand der Prinzessin Wasa. In der Nacht vor der Weiterfahrt erlitt sie eine heftige Herzattacke. Der sie begleitende Leibarzt wachte bis zum Morgen an ihrem Bett. Carola, die so gern ihrer Mutter beigestanden hätte, wurde schlafen geschickt. Prinzessin Wasa wollte vermeiden, daß ihre Tochter beim Einzug in ihre neue Heimat wegen Übermüdung einen schlechten Eindruck hinterlassen könnte. Am 16. Juni 1853 traf der Extrazug mit den Prinzessinnen in Bodenbach ein. In dem kleinen böhmischen Grenzort wartete Prinz Albert schon, Braut und Schwiegermutter zu empfangen.

Louise von Wasa und Carola bestiegen den festlich geschmückten Hochzeitssonderzug, der sie durch die wildromantische Sächsische Schweiz führte. Überall wurden sie von der Bevölkerung mit Jubelrufen und Ehrenpforten begrüßt. Der erste Zwischenaufenthalt war Pirna. Das reizende Städtchen am Fuße des Sonnenstein war schon einmal Ausgangspunkt für den Einzug einer künftigen Landesherrin. Anno 1719 führten 15 holländische Yachten und 100 reichvergoldete venezianische

Gondeln den Bucentauro mit der Kaisertochter Maria Josepha elbabwärts nach Dresden.

Carola wurde in Pirna von ihren künftigen Schwiegereltern und Prinz Alberts Geschwistern herzlich willkommen geheißen. Die sächsische Armee war ihr zu Ehren zur Parade angetreten. Im Wagen ging es dann nach Pillnitz weiter. Die Hochzeit Alberts und Carolas fand am 18. Juni 1853 in Dresden statt. Schon seit den frühen Morgenstunden drängten sich die Schaulustigen in den festlich geschmückten Straßen der Residenz. Gegen 11 Uhr vormittags erfolgte der Einzug der Prinzessinnen vom Palais im Großen Garten aus. Der sächsische Hof hatte einen Hochzeitszug arrangiert, der einer Miniaturausgabe jenes großartigen Festzuges glich, den August II. anläßlich der Hochzeit des Kurprinzen Friedrich August im Jahre 1719 konzipierte. Genau wie damals führten berittene Militärs, Postbeamte zu Pferde und blasende Postillione den Zug an. Es folgten Vertreter der Amtslandschaft Dresden mit Fahnen und Trompeten, sowie zwei Züge Gardereiter und Forstpersonal. Die Herren der Residenz und des Offizierscorps schlossen sich an. Dann kamen die königlichen Beamten nebst einer Anzahl Reitknechten. Carola und ihre Mutter fuhren in einem vergoldeten offenen Galawagen, rechts und links von zwei hohen Hofbeamten flankiert. Das Gefolge der Prinzessinnen saß in einem vierspännigen Wagen. Den Schluß des Zuges bildeten die Gardereiter. Carolas Weg zur Katholischen Hofkirche wurde vom Läuten aller Kirchenglocken Dresdens

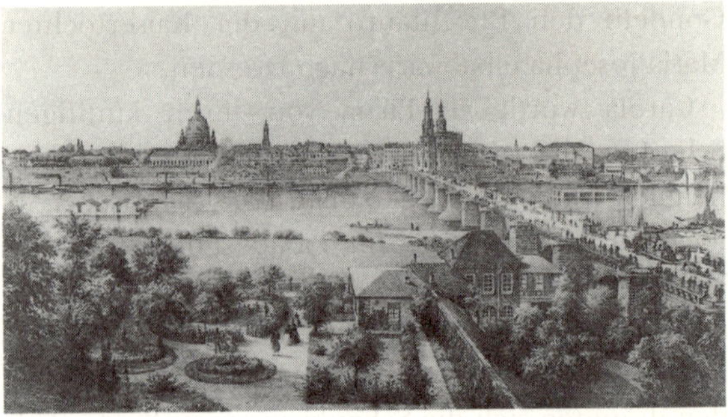

Dresden um 1860.

und dem Salutfeuern der Geschütze begleitet. Überall schollen ihr Jubelrufe entgegen. Abordnungen von Schulen und Vereinen, Schützengesellschaften und Innungen drängten sich, der Prinzessin ihre Glückwünsche entgegenzubringen. Carola bedankte sich beim Bürgermeister Pfotenhauer für den herzlichen Empfang. Ihre Freundlichkeit und Leutseligkeit hatte ihr die Herzen der Dresdner im Sturm gewonnen.

Nachdem die Prinzessin im Schloß von den Mitgliedern des königlichen Hauses noch einmal empfangen worden war, begab sich der Hochzeitszug in die Hofkirche zur Trauung. Unter dem Geläut aller Glocken und dem Donner der Geschütze wechselten Carola und Albert die Ringe. Das Te Deum erklang; Sachsen hatte eine neue Kronprinzessin, an die sich viele Erwartungen knüpften.

Die Hochzeitsfeierlichkeiten dauerten bis zum 2. Juli 1853. Es gab Schul- und Kinderfeste, Theater-

vorstellungen und einen Fackelzug der Dresdner Bürgerschaft. Das Wetter zeigte sich von seiner besten Seite, lediglich dem Feuerwerk und dem großen Festumzug von 3000 Landleuten in Pillnitz schlug der Regengott ein Schnippchen. Bei allen Veranstaltungen bestach Carola immer wieder durch ihren unkonventionellen Umgang mit der Bevölkerung und ihr freundliches und herzliches Auftreten, so daß die Sachsen mit ihrem Kronprinzen einer Meinung waren: Eine bessere Wahl hätte er nicht treffen können.

DIE MENSCHENFREUNDIN

Im Frühjahr 1866 zogen über Sachsen schwere Gewitterwolken auf. Der Konflikt zwischen Preußen und Österreich um die Vorherrschaft im Deutschen Bund und der damit verbundenen Kernfrage einer großdeutschen Reichsidee trieb mehr und mehr auf eine militärische Eskalation zwischen Berlin und Wien zu. Der Ausgang dieses Konfliktes besaß in seiner Endgültigkeit historische Dimensionen, denn es ging entweder um den traditionellen Reichsverband mit einem Habsburger Kaiser an der Spitze oder um die kleindeutsche Lösung unter der Vorherrschaft Preußens. Ein Krieg zwischen Österreich und Preußen schien unvermeidbar.

Wie im Siebenjährigen Krieg bestand für Sachsen die Gefahr, aufgrund seiner geographischen Lage zwischen beiden kriegführenden Mächten zerrieben zu werden. König Johann versuchte daher in zahlreichen Briefen an Wilhelm von Preußen und Kaiser Franz Joseph als Mittler zwischen den Rivalen aufzutreten. Johann, der seine politischen Entscheidungen stets vom Standpunkt eines Juristen traf, stand mit seinen Vorschlägen fest auf dem Boden der Beschlüsse des Deutschen Bundes. Vorsorglich ordnete man in Sachsen eine Mobilmachung an, um im Ernstfall die eigenen Truppen dem Bund zur Verfügung stellen zu können. Dieser garantierte den

Wettinern seinen Beistand, falls Preußen seiner alten Leidenschaft, Sachsen zu überfallen, wieder einmal nachgeben sollte. In Berlin betrachtete man die sächsischen Sicherheitsvorkehrungen mit wachsendem Mißtrauen. Als Kaiser Franz Joseph König Johann gar die Unverletzlichkeit Sachsens durch Österreich garantierte, ließ die Reaktion aus Berlin nicht lange auf sich warten. Am 15. Juni 1866 erfolgte die Kriegserklärung Preußens an Sachsen.

Noch am selben Tag verließ ein Sonderzug mit Kronprinzessin Carola und der Familie des Prinzen Georg Dresden in Richtung Prag. Königin Amalie reiste von Pillnitz aus mit dem Schiff nach Bodenbach. In Böhmens Hauptstadt empfing Erzherzog Ludwig Victor die Mitglieder des sächsischen Königshauses. Eine jubelnde Menschenmenge stand am Bahnhof und begrüßte die Ankommenden. Die patriotischen Kundgebungen dauerten bis tief in die Nacht. Zwei Tage später setzte sich auch die sächsische Armee mit Kronprinz Albert und König Johann an der Spitze nach Böhmen in Marsch. Ihr Ziel war es, sich mit den Österreichern unter Benedek zu vereinigen und Nordböhmen gegen die heranrückenden Preußen zu verteidigen. Carola reiste von Prag aus noch einmal in das Hauptquartier ihres Gemahls nach Lobositz. Doch dann rückte der Kriegsschauplatz immer näher. Die Kronprinzessin ging mit den übrigen Familienmitgliedern nach Regensburg. Die sächsisch-österreichische Offensive brachte nicht den gewünschten Erfolg. Kaiser Franz Joseph hatte mit der Berufung Benedeks zum Ober-

befehlshaber seiner Nordarmee eine Prestigeentscheidung getroffen, die im Widerspruch zur militärischen Notwendigkeit stand. Feldzeugmeister Ludwig von Benedek erwies sich als glatte Fehlbesetzung. Obwohl Prinz Albert die Fehler der Österreicher immer wieder auszubügeln versuchte, wurden die Verbündeten am 3. Juli 1866 bei Königgrätz geschlagen. Der Umsicht und strategischen Begabung Alberts gelang es zwar, die eigenen Verluste zu begrenzen, so daß die Sachsen lediglich 1488 Mann zu beklagen hatten. Die Verluste der Österreicher beliefen sich jedoch auf 42 812 Tote und Verwundete.

In Nicolsburg traten die Diplomaten in Aktion. Das sächsische Königshaus hielt sich bis zum Abschluß der sächsisch-preußischen Verhandlungen in Wien auf, denn in Sachsen spielten die Preußen ihr zweitliebstes Stück: Besatzungsmacht! Erinnerungen an die friedrizianischen Exzesse während des Siebenjährigen Krieges wurden wach. Aufgrund der politischen Auswirkungen der verlorenen Schlacht von Königgrätz sollte es noch Jahre dauern, bis Carola ein entspanntes Verhältnis zum preußischen Hof fand.

Während ihres Aufenthaltes in Wien stellte Kaiser Franz Joseph den einzelnen Familien des sächsischen Königshauses die Schlösser rings um die Donaumetropole zur Verfügung. Carola kam am 5. August 1866 – es war ihr 33. Geburtstag – in der Kaiserstadt an. Sie war glücklich, ihren Gemahl gesund und wohlbehalten wiederzusehen. Das Kronprinzenpaar

wohnte in Hetzendorf nahe Schönbrunn. Die sächsischen Truppen wurden in der Nähe des Wiener Waldes untergebracht. Die Sachsen waren in Wien populär. Der Wohnsitz Carolas und Alberts entwickelte sich rasch zu einem Mittelpunkt der Wiener Gesellschaft. Auch die Bevölkerung geizte nicht mit Zeichen ihrer Sympathie und Solidarität. Prinzessin Carola nahm gleich nach ihrer Ankunft in Wien die Lazarette der sächsischen Soldaten unter ihre Obhut. Man hatte für die Verwundeten vier Feldhospitäler eingerichtet. Auf Befehl Franz Josephs wurde das Theresianum, ein kaiserliches Internat, geräumt und den Sachsen zur Verfügung gestellt. Auch das Stift Heiligenkreuz in Baden bei Wien öffnete seine Pforten für die Versehrten. Insgesamt waren 5000 Verwundete und Kranke zu versorgen. Aus Sachsen trafen immer wieder Geld und medizinische Hilfsmittel ein. Dies war nicht ganz einfach, da die preußische Besatzungsmacht die sächsischen Krankenhäuser und medizinischen Einrichtungen als ihr Eigentum behandelte.

Es verging kaum ein Tag, an dem Carola nicht in irgendeinem Lazarett erschien. Sie kam bereits am frühen Morgen, meist ohne vorherige Anmeldung. So konnte sie sich am besten von den Zuständen vor Ort ein genaues Bild machen. Die Prinzessin nahm die Vorratsräume, die Wäschekammern und die Küche unter genaue Kontrolle und prüfte durch Verkostung die Qualität der Speisen. Stunden hielt sie sich dann in den Krankensälen auf. Carola ging durch die langen Reihen der Verwundeten. Für je-

den hatte sie ein persönliches, aufmunterndes oder tröstendes Wort. Sie ließ Bücher und Spiele verteilen und sorgte dafür, daß die Post in die Heimat korrekt befördert wurde. Als in einzelnen Abteilungen Typhus und Cholera ausbrachen, wagte sich die Kronprinzessin als einzige zu den Verwundeten in die Hospitäler. Ihr Weg führte Carola selbst ins ferne Budapest, wo sie eine Einladung Kaiserin Elisabeths nach Ungarn benutzte, um dort liegende sächsische Soldaten zu besuchen.

Anfang November 1866 kehrten König Johann sowie seine Söhne Albert und Georg mit der sächsischen Armee in die Heimat zurück. Bei der Fahrt im offenen Wagen durch die festlich geschmückte Residenz wurden der König und das Kronprinzenpaar von der Bevölkerung begeistert gefeiert.

Carola sollte bald wieder an die Krankenlager Verwundeter und Sterbender treten müssen. Während des deutsch-französischen Krieges 1870/71 gab es kein sächsisches Lazarett, das sie nicht besuchte, um mit Rat und Tat zur Seite zu stehen. Ihre Fürsorge beschränkte sich dabei nicht nur auf ihre »Landeskinder«. In ihrer Strehlener Villa ließ sie über zwanzig Verwundete unterbringen, zu denen auch kriegsgefangene Franzosen zählten. Sie alle wurden von ihr ganz persönlich betreut. Als diese in ihre Heimat entlassen wurden, verfolgte Carola deren Schicksal noch lange mit Interesse und Wohlwollen. Einer jener Kriegsgefangenen züchtete später eine Rose, die er Carola zu Ehren »Reine de Saxe«, »Königin von Sachsen«, nannte.

Aus jener Zeit ist uns eine Anekdote überliefert, die bezeichnend für Carolas Engagement ist:

Der Winter 1870/71 war besonders streng. Es lag hoher Schnee. Die Kronprinzessin wollte eines Tages ihr Strehlener »Lazarett« aufsuchen. Die Straßen waren jedoch so verweht, daß es für den Kutscher kein Durchkommen gab. Es gelang ihm gerade bis zum Großen Garten vorzudringen, wo man einen schmalen Fußweg freigeschaufelt hatte. Den mußte Carola benutzen, um in ihre Villa zu gelangen. Mit völlig durchnäßten Schuhen kam sie schließlich in Strehlen an. Von einer Pflegerin borgte sie sich ein Paar Strümpfe und ein Paar Filzstiefel. Sie hatte es eilig, denn in Kürze würde ein Sanitätszug eintreffen, bei dessen Ankunft sie anwesend sein wollte. Kurz entschlossen stapfte sie in den geliehenen Filzbabuschen den verschneiten Weg zurück, wo der Kutscher wartete, um sie zum Bahnhof zu bringen. Am nächsten Tag teilte man ihr mit, daß die dort Anwesenden höchst erstaunt über die neueste »Winterschuh-Mode« der Kronprinzessin gewesen waren.

Nirgendwo in Sachsen waren die Winter so lang wie im Tal der Wilden Weißeritz. Wenn die ersten Fröste im Herbst die Wiesen mit Reif überzogen, dauerte es nur noch wenige Wochen, bis die kleine Gemeinde Rehefeld im Osterzgebirge unter einem Meer lautlos herniederschwebender Flocken versank. Die Winter in jenem Tal des Erzgebirges waren besonders schneereich. Oft reichte die weiße, glitzernde Pracht bis an die Dächer der gemütlichen Häuser. Diese zogen sich zumeist an der von Vogelbeerbäumen gesäumten Dorfstraße entlang und schmiegten sich an den Fuß des Kahleberges. Andere lagen verstreut am gegenüberliegenden Weißeritzufer, inmitten sanft ansteigender Wiesen.

Die Entstehung des Ortes Rehefeld ist eng mit dem Dresdner Hof verbunden. 1670 ließ Kurfürst Johann Georg II. ein Forsthäuschen errichten, das dem Oberforstmeister überwiesen wurde. Der Wild- und Holzreichtum des Gebirges räumte dem Oberforstmeister bald eine gewisse Unabhängigkeit in seinen Entscheidungsbefugnissen ein. Das Forstamt erhielt – einem kleinen Rittergut gleich – Schriftsässigkeit und Jurisdiktion.

Auf den geräumten Kahlschlägen, entlang der quicklebendigen Wilden Weißeritz, siedelten sich bald die ersten Waldarbeiter an. Sie nannten das

Dörfchen »Sorgenfrei«. Mit einem Jagdausflug Augusts des Starken rückte die kleine Siedlung erneut in den Blickwinkel des Hofes. Der sächsische Kurfürst-König gab ihr den Namen »Rehefeld«.

Wenn der letzte Schnee kurz nach Ostern endlich geschmolzen war, prangten die Bergwiesen über Nacht in saftigem Grün. Wohl gab es noch einzelne Schneereste im Windschatten der dunklen, endlosen Wälder, aber auf den Bergwiesen läuteten unzählige Märzenbecher den Frühling ein. Im Sommer, wenn die Wiesen gemäht wurden, der Wald nach Harz und das Heu wie aromatischer Tee duftete, kamen die Sommerfrischler aus dem nahen Dresden. Es waren zumeist Beamte und gehobenes Bürgertum, die in der herben Gebirgsluft Ruhe und Erholung suchten. Sie kamen nicht allein. Der Höhenluftkurort Rehefeld war königliches Jagdrevier. La-

Rehefeld im Osterzgebirge, links oben das Jagdschloß.

gen im August die ersten Wassernebel über der Wilden Weißeritz, kam auch das Kronprinzenpaar aus Dresden herüber, um im Erzgebirge Erholung zu finden. Prinz Albert ging in den ausgedehnten Fichtenwäldern auf Rotwildpirsch. Das Rehefelder Jagdrevier umfaßte etwa 16 000 Hektar. 1892 zählte man darin zirka 700 Stück Rotwild. Stattliche Vierzehnender mit einer Stangenlänge bis zu 110 Zentimetern waren keine Seltenheit. An nebelfeuchten Herbsttagen dröhnte der Brunftschrei der Platzhirsche durch die Dämmerung.

Albert pflegte diese Jagdaufenthalte seit seiner Kronprinzenzeit. Allerdings boten die örtlichen Gegebenheiten weder für ihn noch seine zahlreichen Jagdgäste eine bequeme Unterkunft. Meist mußte das Quartier in den weit verstreut liegenden Dörfern des Osterzgebirges gesucht werden. Carola fand schnell Gefallen an der herbschönen Landschaft Rehefelds. Es mochte sie an ihre Kindheit im mährischen Morawetz erinnert haben, denn bald entstand der Plan, ein Jagdschloß zu errichten. Im Jahre 1869 fand Prinz Albert die Bauzeichnungen als Geschenk Carolas unter dem Weihnachtsbaum. Nach kurzer Bauzeit konnte das Kronprinzenpaar sein Jagdhaus in Besitz nehmen. Der nordische Baustil des holzverkleideten, eingeschossigen Gebäudes paßte sich harmonisch an die Erzgebirgslandschaft an. Sein erkergeschmücktes Dach erinnerte eher an eine Bergkirche als an ein Jagdschloß. Die Innenausstattung entsprach ganz der familiären Nutzung. Die Wohn- und Aufenthaltsräume waren klein und

nach dem persönlichen Geschmack Carolas und Alberts eingerichtet. Im Speisezimmer zog sich nach guter erzgebirgischer Tradition eine gemütliche Ofenbank um einen mächtigen Kachelofen. Überall prangten prächtige Geweihe. Im August 1871 wehte die schwarz-gelbe Standarte zum erstenmal über dem fürstlichen Jagdhaus.

Von dem Augenblick an, an dem das sächsische Kronprinzenpaar Rehefeld zu seinem bevorzugten Feriendomizil erkor, erlebte der Ort einen ökonomischen und ideellen Aufschwung. Die Rehefelder waren stolz darauf, Carola und Albert mehrere Wochen im Jahr bei sich zu Gast zu haben, fiel doch ein Abglanz des Dresdner Hofes auch auf sie. Sie nannten ihr Dörfchen bald »die kleine Residenz«. 1873 bestieg Albert den sächsischen Königsthron. In den folgenden Jahren brachte es der Aufenthalt des Königspaares und seiner Gäste mit sich, daß einige Erweiterungsbauten am Schloß notwendig wurden. So entstanden ein Kavaliershaus, ein Stallgebäude, ein Haus für das Hofpersonal, eine Küche und eine kleine Kapelle. Für die Ordnung in den Zimmern des Königspaares und seiner Jagdgäste sorgten die Rehefelder Mädchen. Es war für sie eine große Ehre, dafür ausgesucht zu werden, konnten sie doch von dem verdienten Geld etwas für ihre Aussteuer zurücklegen. Die Einkommen der Dorfbewohner waren nicht hoch. Sie bezogen ihren Lebensunterhalt aus der Arbeit als Waldarbeiter oder Häusler mit einer kleinen Nebenerwerbslandwirtschaft. Butter und Quark brachte man zu Fuß ins nahe gelegene

Altenberg zu Privatkunden. Eine attraktive Erwerbsquelle bildeten daher die immer zahlreicher werdenden Sommerfrischler. Sie fanden in den drei Gasthöfen und in Privatquartieren der ansässigen Handwerker und übrigen Einwohner Unterkunft.

Carola und Albert hielten nichts von höfischer Distanz. Wenn die Königin Anfang August nach Rehefeld kam, um am 5. ihren Geburtstag zu feiern, ging sie wie jedermann im Dorf spazieren. Die Autorin weiß von ihrer aus Rehefeld stammenden Großmutter, daß Albert und Carola oft mit den Einheimischen zwanglos plauderten. Es gab dabei weder Sicherheitsbeamte noch Bodyguards, nicht einmal einen Adjutanten oder eine Hofdame, die das Königspaar begleiteten. Bei ihren Gesprächen erkundigten sich die Majestäten nach den Familienverhältnissen der Dorfbewohner, nach ihren Kümmernissen und Sorgen. Dabei erfuhr Carola, daß es in Rehefeld weder einen Friedhof noch eine Kapelle gab. Wurde eine Familie von einem Trauerfall betroffen, kam der Pfarrer von Hermsdorf herüber. Bei Wind und Wetter zog der Trauerzug dann nach dem über eine Wegstunde entfernt gelegenen Nachbarort zur Beisetzung. Königin Carola schenkte daraufhin Rehefeld einen Friedhof und stiftete die Kapelle dazu.

Besonders beliebt waren die Schul- und Kinderfeste, die die Königin initiierte. Unter ihrer Schirmherrschaft vergnügten sich die Jugend des Dorfes sowie die Kinder der Sommerfrischler bei Kakao, Buttersemmeln und all den Spielen, die Kinder

gerne mögen. Da Carola und Albert selbst kinderlos waren, sahen sie dem ausgelassenen Treiben voller Vergnügen zu. Zur Erinnerung erhielt jedes Kind eine Sammeltasse zum Geschenk. Der Kuchenteller zeigt eine Abbildung des Jagdschlosses Rehefeld mit der dazugehörigen Jahreszahl. Die Tasse trägt auf ihrer Außenseite die Initialen der Königin.

Carola teilte die Begeisterung Alberts für das Weidwerk nicht. Wenn im Herbst das Halali durch die Rehefelder Forsten klang, war Albert oft stundenlang auf der Pirsch. Wohl kam Carola zu den verabredeten Punkten im Revier, um an dem ausgerichteten Jagdfrühstück teilzunehmen. Aber die aufgereihte Strecke der erlegten Tiere nahm sie nur mit Widerstreben ab. Ihre Tierliebe kontrastierte sehr

Königin Carola und König Albert bei einem Kinderfest im Jagdschloß Rehefeld.

mit der Jagdleidenschaft ihres Gemahls. Sie zog es vor, im Wald nach Pilzen zu suchen oder von ihren ausgedehnten Spaziergängen große Sträuße Wald- und Wiesenblumen mitzubringen.

1884 erbte König Albert Schloß Sybillenort in Schlesien. Von diesem Zeitpunkt an reduzierten sich die Aufenthalte in Rehefeld auf Besuche im Spätsommer und Herbst. Erst nach dem Tod Alberts verbrachte Carola auch die Sommermonate wieder in der kleinen Residenz.

König Friedrich August III. setzte die Rehefelder Tradition mit alljährlichen Jagdaufenthalten im Herbst fort. Seine Schwägerin, Prinzessin Maria Immaculata, übernahm das Patronat der Schulfeste. Zur sogenannten »Familientafel« kamen der König, seine sechs Kinder, sein Bruder Johann Georg und dessen Gemahlin Maria Immaculata nach Rehefeld. Wie unter Carola und Albert gab es ein zwangloses Miteinander mit den Dorfbewohnern. Aus Dresden kamen täglich die Gardereiterordonnanzen mit versiegelten Ledertaschen herübergeritten, um den König über die Regierungsgeschäfte auf dem laufenden zu halten. Sonst war die königliche Familie ganz privat. Morgens rannten die Prinzessinnen barfuß den Schloßhang hinab, über die Dorfstraße, patsch – patsch – patsch ging es durch die Wiesen an die Wilde Weißeritz. Da erscholl auch schon der rügende Ton Ihrer Exzellenz von der Gablenz, der Gouvernante der Prinzessinnen. Eilig kehrten sie ins Schloß zurück.

Als der König mit seinen Kindern einmal nach einer Wanderung ohne die besagte Exzellenz in einem der

Rehefelder Gasthöfe einkehrte, sagte er: »Heide kennt ihr ditschen, de Gablenzen sieht's nich.«

Auch Prinzessin Maria Immaculata liebte den unkonventionellen Umgang mit Einwohnern und Gästen. Gern ließ sie sich in ein Gespräch mit ihnen ein. Nur der Bruder des Königs, Johann Georg, hielt Abstand zum Bürger. In seinem Beisein wahrte auch die Prinzessin Distanz.

Während der Jagdsaison waren häufig Mitglieder des böhmischen und österreichischen Hochadels Gäste des Königs in den Rehefelder Revieren. Wieder besorgten die Mädchen des Ortes die Arbeit als Zimmermädchen. Auch die Großmutter der Autorin zählte dazu. Sie hat ihr folgende selbst erlebte Anekdote überliefert: Eines Tages, als die Strecke im Schloßhof aufgereiht lag, hörte sie die Frage des Kochs an den Leibjäger des Königs: »Wieviel hat denn Majestät heute geschossen?« Der Angesprochene erwiderte trocken: »Een hat er geschossen, un wenn ich ne nich geschossen hädde, hädd'er gar keen geschossen!«

Mit dem Ersten Weltkrieg und dem Untergang der Monarchie ging auch der Glanz des Jagdschlosses Rehefeld zu Ende. König Friedrich August III. wählte Sybillenort zu seinem freiwilligen Exil. Er kam nur noch selten ins Rehefelder Revier. Das Jagdschloß wurde ein exklusives Hotel. Nach 1945 degradierten es die kommunistischen Machthaber zu einer Polizeischule.

Rehefeld, dem Dörfchen im Osterzgebirge, aber blieb der Ruhm, als »kleine Residenz« neben Dresden etwas ganz Besonderes zu sein.

CAROLAS SOZIALES ENGAGEMENT

Die Aufklärung hatte es wohl mit sich gebracht, daß fürstliche Damen immer öfter ihr Interesse für Soziales entdeckten. Bei Carola trat diese Neigung schon sehr früh in Erscheinung. Ihr unkonventioneller Umgang mit den Kindern der Bediensteten auf Morawetz und ihr enger Kontakt zu den Dorfbewohnern entwickelte in ihr frühzeitig den Wunsch, Not zu lindern, wo immer diese anzutreffen war. So sind aus der Kinderzeit der Prinzessin mehrere Geschichten überliefert, die für ihre Hilfsbereitschaft beredtes Zeugnis ablegen:

Eines Tages begegnete Carola einem kleinen Mädchen aus dem Nachbardorf auf seinem Schulweg. Das Kind zitterte vor Kälte am ganzen Körper. Die Schuhe waren zerrissen, es trug keine Strümpfe und war nur mit einem ganz dünnen Rock bekleidet. Auf gleicher Höhe mit Carola, grüßte es die Prinzessin. Carola, voller Mitleid mit dem verfrorenen Mädchen, nahm rasch ihre Stola ab und wickelte sie um das überraschte Kind. Ein andermal wird berichtet, daß die Prinzessin von ihrem kleinen Salon im Morawetzer Schloß aus einen Jungen beobachtete, der einen Milchkrug die Straße entlang schleppte. Plötzlich fuhr ihm ein kläffender Hund zwischen die Beine. Der Junge erschrak, der Krug fiel auf die Straße und zerbrach. Sofort lief Carola zu

dem weinenden Knaben, holte ihn in die Schloßküche und ließ ihm im Stall einen neuen Milchkrug füllen.

Arme Mädchen rief sie kurzerhand ins Schloß. Den Überraschten wurde Maß genommen. Kurze Zeit später durften sie sich neue Kleider abholen, die Carola teils selbst nähte, teilweise auch nähen ließ. Zu Weihnachten versammelte sie alle ihre Schützlinge zu einer Bescherung unter einem festlich erleuchteten Christbaum.

Carola lernte auf ihren langen Spaziergängen um Morawetz die Bedürftigkeit armer Leute kennen. Sie sah, wie schnell durch Krankheit oder Unfall Not über eine Familie kommen konnte. Um hier schnell Hilfe leisten zu können, richtete sie im Schloßhof von Morawetz eine Anlaufstelle ein. An jedem Freitag beschenkte sie hier die Ärmsten der Armen und nahm deren Bitten entgegen. Wenig später entstand im Anschluß an ihre Wohnräume eine Küche. Hier stand Carola höchstpersönlich hinter dem Herd und kochte für Arme und Kranke. Weder Wind, Wetter noch große Entfernungen hielten sie ab, selbst in den Hütten zu erscheinen und die Mahlzeiten vorbeizubringen.

Mit dem Eintritt Carolas in das sächsische Königshaus eröffnete sich ihr, während ihrer Zeit als Kronprinzessin und später als Königin, ein reiches Betätigungsfeld im sozialen Bereich. So wird berichtet, daß sie bei der Vorbereitung für eine Weihnachtsfeier der Armen Wollsachen von Heimarbeiterinnen anfertigen ließ, um diese an noch Bedürftigere zu

verschenken. Bei der Ablieferung der Arbeiten probierte sie die Kleidungsstücke an, nicht ahnend, daß in den Strickerfamilien die Masern grassierten. Die Prinzessin steckte sich an. Mit ihr erkrankte ein Mit-

Königin Carola und König Albert von Sachsen.

glied der Königsfamilie nach dem anderen, so daß das Residenzschloß fast über zwei Monate einem Lazarett glich.

Nach dem Krieg von 1866 nahm Carola als eine der Ersten den Gedanken der Genfer Konvention des Roten Kreuzes auf. Sie gründete in Dresden den Albertverein und trat als Präsidentin an seine Spitze. Aufgabe des Vereins war es ursprünglich, Sanitäterinnen für den Kriegsfall auszubilden. Der Albertverein wuchs unter ihrer Schirmherrschaft rasch über dieses Ziel hinaus: Das Engagement der Kronprinzessin wirkte beispielgebend für die sächsischen Frauen. Im ganzen Land gründeten sich Zweigverbände. Gemeindekrankenhäuser entstanden, Heil- und Pflegestätten für Kranke der ärmeren Bevölkerungsschichten wurden eingerichtet. Die bekanntesten sind heute noch die Lungenheilstätten Albertsberg, Carolagrün und Zschadraß. Im »Carolahaus« in Dresden bildete der Verein die »Albertinerinnen« aus. Sie nahmen im ganzen Land ihre Tätigkeit auf. Carola überwachte die Arbeit des Vereins nicht nur vom Schreibtisch aus. Sie überzeugte sich vor Ort persönlich von der Arbeit der Schwestern und machte sich durch eigene Inaugenscheinnahme immer wieder ein Bild von den Lebensumständen der Armen und Kranken. Meist blieb sie dabei unerkannt. Stand eine längere Abwesenheit der Königin ins Haus, gab den Zurückgebliebenen eine detaillierte Aufstellung Anweisung, wohin die Blumen und Früchte ihres Strehlener Gartens zu bringen waren. Nach und nach funktionierte sie sogar ihr Toilettenzimmer dahin-

gehend um, daß sie dort in zahlreichen Körben die Eier ihres Hühnerhofes lagerte, um diese an Bedürftige verteilen zu lassen.

Mit einem bunten Gartenfest im Großen Garten konnte der Albertverein im Jahre 1868 sein einjähriges Bestehen feiern. Bald nahmen diese alljährlichen Veranstaltungen volksfestähnlichen Charakter an. Spendenaufrufe an die Dresdner Geschäftswelt sorgten für eine attraktive Bestückung der Wohltätigkeitsbasare. Die Offiziere der Dresdner Garnison ließen es sich ebensowenig nehmen daran teilzunehmen, wie die Damen und Herren der Gesellschaft und die Bürger. Durch Verlosungen, Lotterien und Spenden flossen dem Albertverein immer wieder finanzielle Mittel zu. Schenkungen und die materielle Unterstützung der Königin, »für die das Geld nur Wert und Bedeutung hatte, um es für andere zu verwenden ...«, ließen seinen Besitz und sein Vermögen bis zum Tode Carolas auf Millionenhöhe anwachsen. Am 15. April 1878 weihte die Königin das nach ihr benannte Krankenhaus des Albertvereins ein. Das Wirken Carolas strahlte über die Grenzen Sachsens auf das gesamte Deutsche Reich aus. Kaiserin Augusta dankte ihr bei einem Besuch in Dresden anläßlich einer Verbandstagung der Frauenvereine »für das schöne Vorbild der Wohltätigkeit, das sie gewährt.« Am 16. September 1892 feierte der Albertverein sein 25jähriges Bestehen. König Albert stiftete anläßlich dieses Jubiläums die »Carola-Medaille«. Sie wurde für besondere Verdienste im Sozialen verliehen.

Mit der Gründung des Albertvereins erschöpfte sich die Tätigkeit Carolas im karitativen Bereich nicht. 1873 Königin geworden, widmete sie sich voll und ganz der Verbesserung der Lebensverhältnisse der arbeitenden Bevölkerung im industriell aufstrebenden Sachsen. Auf ihre Initiative gründeten sich im Erzgebirge und im Vogtland Frauenvereine, die in freier Trägerschaft die Armenpflege unterstützten. In den großen Städten des Landes schossen die Wohlfahrtsverbände wie Pilze aus der Erde. Der Pestalozzi-, der Frauen- und der Johannesverein waren nur einige von ihnen. Die letzteren verschrieben sich der Altenpflege Hilfsbedürftiger sowie der Unterstützung von Wöchnerinnen. Der Johannesverein unterhielt fünf Kindergärten und drei Krippen. Armen Frauen erleichterte man den Erwerb einer Nähmaschine und erteilte ihnen Nähunterricht. Außerdem fanden sie im Verein Unterstützung bei der Vermarktung ihrer Erzeugnisse. Die Königin richtete Volksküchen ein. Sie rief Fach- und Gewerbeschulen für Mädchen ins Leben, deren Ausbildung sie besondere Aufmerksamkeit schenkte. In Leipzig und Schwarzenberg gründete sie Frauen-, Haushalt- und Abendschulen. Besonders die Schwarzenberger Haushaltschule besaß bis nach dem Zweiten Weltkrieg einen namhaften Ruf. Hier erhielten junge Frauen eine Berufsausbildung, die sich zwar am traditionellen Selbstverständnis orientierte, den Absolventinnen jedoch eine bisher unerreichte Qualifikation und Unabhängigkeit brachte. Für Mädchen und junge Frauen aus ein-

fachen Verhältnissen war es jetzt nicht mehr zwangsläufig, ihren Lebensunterhalt als Fabrikarbeiterinnen verdienen zu müssen. Der Schulbesuch eröffnete ihnen vielfältige berufliche Perspektiven als Wirtschafterinnen oder Heimleiterinnen. Das Erlernte trug auch im privaten Bereich seine Früchte. Mit dem Wissen um eine moderne Haushaltführung stieg die Lebensqualität in den Familien. Carola trug damit, wenn auch unbewußt, nicht unerheblich zur Emanzipation und beruflichen Selbständigkeit der Frau bei.

Für ihre Arbeit der »praktischen Mädchenerziehung« ehrte man sie 1897 in Brüssel mit dem »Diplome d'honneur« und dem »Diplome de Grand Prix«.

Die Tätigkeit der Königin beschränkte sich nicht allein auf Sachsen. Auch die Stätten ihrer Kindheit und Jugend vergaß sie nicht. In Morawetz, Mannheim, sowie auf den schlesischen Besitzungen König Alberts entstanden Krankenhäuser und Kinderheime, die sich ihrer fortdauernden finanziellen Unterstützung erfreuen durften.

Bereits im Laufe des Jahres traf die Königin Vorbereitungen für die zahlreichen Weihnachtsfeiern in den Vereinen, die von ihr ins Leben gerufen worden waren und deren Präsidentin sie war. Dann traf man sie in Dresdens Geschäften beim Einkauf. Wolle und Stoffe wurden en gros ins Schloß geliefert. Carola legte mit Hand an, und wie in ihrer Jugend auf Morawetz schnitt sie selbst Kleidung zu. »Wieviel Frauenhemden können aus einem Ballen Leinwand

hergestellt werden?«, fragte sie dabei einmal eine Dame, deren Metier die Schneiderei war. Als ihr diese die allgemein übliche Anzahl nannte, sagte die Königin lachend: »Sehen Sie, da bin ich doch sparsamer als Sie. Ich habe reichlich eins mehr herausgeschnitten.« Darauf angesprochen, daß ihr unausgesetztes Häkeln gesundheitsschädlich sein könnte, antwortete sie: »Sie glauben aber auch nicht, was alles noch bis Weihnachten fertig werden muß. Sie wissen gar nicht, wie viele meiner lieben alten Mütterchen auf eine Kleinigkeit von mir rechnen.«

Je näher das Weihnachtsfest heranrückte, um so höher türmten sich die Geschenke in den Gemächern der Königin. Strümpfe, Schals, Handschuhe, Kindermützen und viele andere nützliche Dinge lagen in großer Zahl für die bevorstehenden Bescherungen bereit. Carola arbeitete bis tief in die Nacht, damit auch alles fertig würde. Eine ihrer Hofdamen hielt ihr vor, daß man diese Sachen doch für wenig Geld kaufen könne. Die Königin wies diese einfache Art, sich einer übernommenen Verpflichtung zu entledigen, mit den Worten ab: »Laßt mich doch. Ich hätte ja gar keine rechten Weihnachten, wenn ich mich nicht etwas dafür abmühen dürfte.«

Carola versuchte, selbst den ausgefallensten Wünschen nachzukommen, wenn es in ihrer Macht stand, diese zu realisieren. Eine Anekdote soll dies bezeugen: Im Jahre 1890 weilte die Königin im Seebad Blankenberghe. Eine arme Frau, die in der Nähe von Chemnitz wohnte und von Carola seit langem unterstützt wurde, bat sie, ihr ein Pärchen

belgischer Kaninchen mitzubringen. Carola kaufte die Tiere tatsächlich und nahm sie in ihrem Salonwagen mit nach Chemnitz, wo König Albert gerade Manöver abhielt. Die Königin ließ die Frau zu sich rufen und überreichte ihr die Kaninchen mit den herzlichsten Worten.

Carolas Freude am Schenken erstreckte sich auch auf ihre unmittelbare Umgebung. So berichtet Ludwig Renn in seinem Buch »Adel im Untergang«, daß die Königin des öfteren ein Schmuckstück aus ihrem persönlichen Besitz einer ihrer Hofdamen oder Mitarbeiterinnen verehrte. Da konnte es passieren, daß sie ganz unvermittelt ein schweres goldenes Armband vom Handgelenk zog, um es der Überraschten über die Hand zu streifen. Das Schmuckstück war meist viel zu weit. Die Beschenkte mußte einige Glieder entnehmen lassen, bevor sie das königliche Geschenk voller Stolz im Bekanntenkreis herumzeigen konnte.

Neben den vielfältigen Verpflichtungen, die sich Carola mit ihrem sozialen Engagement auferlegte, kamen dennoch ihre persönlichen Interessen nicht zu kurz. Verlangten Basare, Ausstellungen, Konzerte, Theatervorstellungen, Bälle und Lotterien, deren Erlöse karitativen Zwecken zugute kamen, ihre Teilnahme oder Anwesenheit, so machte sie sich doch des öfteren von ihren Pflichten frei, um sich die Welt anzusehen.

Bereits während des deutsch-französischen Krieges besuchte sie Prinz Albert in Frankreich. Der sächsische Kronprinz hatte sein Quartier im Schloß von Compiégne. Das prachtvolle Palais Royal wurde unter Louis XV. erbaut. Napoleon I. und Napoleon III. fügten Erweiterungsbauten hinzu. Der ausgedehnte Park mit seinen wertvollen alten Buchen- und Eichenbeständen bildete im 18. Jahrhundert die Kulisse für den Hof des vielverkannten Bourbonenkönigs. Der Wald von Compiégne umfaßte eine Fläche von 14000 Hektar und diente mit seinen sternförmig angeordneten Wegen der Parforcejagd.

Eine Anekdote besagt, daß Louis XV. einst nach dem Ende einer solchen Jagd seine Gäste zu einem Jagdfrühstück einlud. Unter ihnen befand sich auch Moritz von Sachsen, der Sohn Augusts des Starken und der Gräfin Königsmark. Als man die Champagner-

Reiterquadrille der sächsischen Offiziere in Compiegne anläßlich des Besuchs Carolas im Hauptquartier Prinz Alberts.

flaschen öffnen wollte, stellte man fest, daß die Diener vergessen hatten, die Korkenzieher einzupacken. Moritz von Sachsen ging kurzerhand zum nächsten Pferd, zog einen Nagel aus dessen Huf, drehte ihn ein-, zweimal in der Hand, – der König hatte seinen Korkenzieher, und das Picknick war gerettet.

Im Wald von Compiégne wurde aber auch Weltgeschichte geschrieben. So unterzeichnete der deutsche Generalstab hier die Kapitulationsurkunde, die den Ersten Weltkrieg beendete, und an fast gleicher Stelle mußte Frankreich 1941 seine Niederlage gegen Hitlerdeutschland eingestehen.

Carola benutzte ihren Besuch in Compiégne, um sich die schöne Natur und die umliegenden Schlösser anzusehen. Aus der Ferne grüßte Paris. Von seinen Vororten drang das Geknatter der Gewehrsalven gegen die aufständischen Kommunarden herüber. Die-

ses Ereignis und der Besuch der Königsgräber in der Abteikirche St. Denis, wo man Louis XVI. und Marie Antoinette ein Denkmal errichtet hatte, beeindruckten sie sehr. Das Kronprinzenpaar unternahm auch eine mehrtägige Reise nach Nordfrankreich. Dann wurde Prinz Albert gezwungen, sein Quartier von Compiégne nach Margency zu verlegen. Die Kämpfe gegen die Kommune verlangten ein Zusammenziehen der 3. Armee vor Paris. Früher als geplant, trat Carola darum die Heimreise nach Sachsen an. Am 16. Mai 1871 verließ sie Frankreich.

Unter dem Incognito eines Grafen und einer Gräfin von Plauen reiste das Königspaar im Februar 1882 zu einem längeren Aufenthalt an die Riviera. Carola war im vergangenen Herbst an Typhus erkrankt. Ihr erfahrener Leibarzt vermochte dem nur schwer Herr zu werden. Eine längere Erholungsreise war für die Königin angezeigt. Von Dresden reiste sie am 23. Februar 1882 nach Mentone. Die italienische Riviera präsentierte sich zu dieser Jahreszeit bereits in üppigster Vegetation. Bei frühsommerlichen Temperaturen von 20 Grad verwandelten sich Aufenthaltsort und Umgebung in ein Blumenmeer. Das Königspaar bewohnte das »Hôtel des Iles Britanniques«. Aus seinen Fenstern bot sich ein traumhafter Ausblick auf das blaue Meer und die Gebirgsmassive der Alpen. Gegen Abend trug der Wind den Duft der Blumen aus dem nahen Carrei-Tal herüber. Albert und Carola reisten mit kleinem Gefolge. Der König unternahm täglich einen längeren Spaziergang auf der Promenade von Mentone. Tagsüber un-

ternahm man Ausflüge in die nahen Alpentäler, bis auf die Höhe von Castiglione, wo 1859 nach der mörderischen Schlacht von Solferino der Schweizer Henri Dunant die Idee des Roten Kreuzes begründete. Auch nach Turin wurde ein Abstecher unternommen. Das südliche Klima tat Carola gut. Ihre Genesung kam rasch voran. Ganz in der Nähe des königlichen Quartiers hatte sich weiterer fürstlicher Besuch eingefunden: Queen Victoria weilte mit ihrer jüngsten Tochter hier. Zu Ehren der Königin erschien eines Tages das englische Panzerschiff »Inflexible«. Der Kapitän lud Carola und Albert zur Schiffsbesichtigung ein, eine Einladung, die beide gerne annahmen.

Der Aufenthalt der Majestäten wurde von den Einwohnern des kleinen Rivieraortes zum Anlaß genommen, für seine hohen Gäste eine »italienische Nacht« zu veranstalten. Alle im Hafen liegenden Schiffe schmückte man mit Lampions. Elektrische Scheinwerfer tauchten das Meer in taghelles Licht. Auf den Bergen wurden Höhenfeuer angezündet und die Monarchen mit Musik, Gesang und Feuerwerk unterhalten. Carola und Albert besuchten die französischen Rivieraorte Cannes und Monte Carlo. In Nizza verfolgten sie die Ruderregatten und nahmen selbst an einem Blumencorso teil. Ihr offener Landauer war mit Kamelien geschmückt und erhielt einen »premier prix d'honneur«. Auch dieses Fest fand mit einem »bengalischen« Feuerwerk seinen Abschluß. In der Osterwoche lud Queen Victoria das sächsische Königspaar zu einer Fahrt auf dem englischen Ka-

nonenboot »Cygnet« ein. Die Route führte die Küste entlang bis Nizza. Trotz stürmischer See wagten Carola und Albert die Fahrt. Einige Personen ihres Gefolges wurden seekrank. Doch als das Schiff wieder in ruhige Gewässer gelangte, zählte dieser Ausflug, entlang der malerischen Küste, zu den schönsten Erlebnissen dieser Reise. Einmal geht jeder Urlaub zu Ende. Carola und Albert rief die Pflicht nach Sachsen. Am Ostersonntag verabschiedeten sie sich von ihren englischen Gastgebern. Die Heimreise führte an der Riviera entlang über San Remo und Alassio. Von Genua aus setzte man die Rückfahrt per Eisenbahn fort. Carola blieb noch einige Zeit in Varese. Hier zwischen Lago Maggiore und Comer See gewöhnte sie ihre Gesundheit an den klimatischen Übergang zum rauheren Mitteldeutschland. Am 15. Mai traf sie in Sachsen ein. Bei ihrer Ankunft erwarteten sie 500 Schulmädchen. Alle waren in die Landesfarben weiß-grün gekleidet und bereiteten der Königin einen herzlichen Empfang.

Ganz anderer Art war die zweite große Reise, die die Königin 1888 nach Dänemark, Schweden und Norwegen führte. Das Königspaar reiste mit der Eisenbahn über Berlin nach Warnemünde. Mit den Lloyddampfer »Kaiser Wilhelm« ging es nach Dänemark. Kaum war die Küste in Sicht, salutierte die dänische Fregatte »Dagmar«. In Kopenhagen wurden die Sachsen vom dänischen Königshaus herzlich empfangen. Für die Sehenswürdigkeiten Kopenhagens blieb wenig Zeit. Die Visite dauerte ganze drei Tage. Trotz aller Zeitknappheit behielt man dem

weltberühmten »Tivoli« einen Abend vor. Carola interessierte sich besonders für Frauenindustrie. Sie besuchte eine internationale Ausstellung, auf der vorwiegend russische Exponate gezeigt wurden. Die russische Zarin Maria Fjodorowna (Dagmar) entstammte dem dänischen Königshaus.

Am 9. Juli kam das sächsische Königspaar in Schweden an. Für Carola mögen es eigenartige Gefühle gewesen sein, als sie mit 55 Jahren zum erstenmal den Boden ihrer eigentlichen Heimat betrat. Ganz Malmö hatte zu Ehren des Königspaares geflaggt und jubelte ihnen zu. Der Extrazug stand schon bereit. Es war Mittsommernacht. Die Reise führte auf einer 600 Kilometer langen Strecke durch dunkle Föhrenwälder, vorbei an einsamen Seen und Weideland. Auch in Stockholm bereitete man dem sächsischen Königspaar einen großartigen Empfang. Ehrenkompanien in historischen Uniformen aus dem 18. Jahrhundert eskortierten Carola und Albert ins Schloß. Noch am selben Abend war ein großer Empfang mit Galatafel, Vorstellung des Hofes und aller Minister. Mit einer Kreuzfahrt durch die Schären, dem Besuch zahlreicher Sehenswürdigkeiten Stockholms, sowie einem Abstecher in die alte Universitätsstadt Uppsala ging der offizielle Teil des Besuchs zu Ende. Die zweite Hälfte ihres Aufenthalts verbrachten Carola und Albert als Gäste des schwedischen Kronprinzenpaares auf Schloß Tullgarn. Der Besuch besaß ganz und gar privaten Charakter. Man unternahm Ausflüge zu Land und zu Wasser. Schließlich reiste Carola auch nach Grips-

holm, wo ihre Großeltern einst gefangen gehalten worden waren. Das Wasserschloß erinnert mit seinen mächtigen Rundtürmen an Moritzburg. Auf seine Besucherin machte es eher einen traurigen und unheimlichen Eindruck.

Ende Juli erfolgte die Weiterreise nach Norwegen. Per Dampfer führte die Route durch Inseln und Fjorde an den Lofoten vorbei nach Tromsö. Die Königin nutzte die hellen nordischen Nächte ausgiebig für ihre Malerei. In acht Tagen entstanden nicht weniger als 45 Ölskizzen. Mit dem Erreichen des 71. Breitengrades war man am nördlichsten Punkt der Reise angekommen. Auf der Rückfahrt durch den malerischen Lyngenfjord wurde das Schiff längere Zeit von einem mächtigen Wal begleitet. Zahlreiche Springwale flankierten das Schiff. In der Nacht vom 30. auf den 31. Juli konnten Carola und Albert ein phantastisches Naturschauspiel erleben: Zwischen Mitternacht und zwei Uhr morgens beobachteten sie nacheinander Sonnenuntergang und -aufgang. Die Sonne schien unmittelbar im Meer zu versinken. Goldene Strahlen tanzten auf dem Wasser und spiegelten das Licht in allen Regenbogenfarben. Gleichzeitig färbten sich die Felsmassive der Gebirgsketten violett, und die Schneeberge reflektierten das Sonnenlicht.

Die Nordlandreise wurde für das sächsische Königspaar zu einem bleibenden Erlebnis. Über Stockholm, Tullgarn und Malmö führte der Heimweg nach Stralsund. Am 15. August 1888 betraten Carola und Albert wieder den Boden der sächsischen Residenz.

Am 18. Juni 1878 konnten Carola und Albert ihre Silberne Hochzeit feiern. Anders als die Liebesheirat zwischen Kaiser Franz Joseph und Sisi blieb ihre Beziehung 49 Jahre lang glücklich. Carola und Albert ergänzten sich in nahezu idealer Weise.

Im Unterschied zu Kaiserin Sisi paßte sich Sachsens Königin dem in beiden Ländern geltenden Spanischen Hofzeremoniell mit seinen sicher nicht immer angenehmen Zwängen an, während die um ihrer Schönheit schon zu Lebzeiten berühmte Sisi, in sich selbst verliebt wie ein Narziß, nur ihren persönlichen Neigungen folgte. Elisabeth weilte oft monatelang fern von Wien. Ihre Hofdamen konnten ein Lied davon singen, mit der Kaiserin stundenlange Gewaltmärsche zu absolvieren oder bei Wind und Wetter auf stürmischer See an der Reeling eines Schiffes zu stehen. Sisi lebte allein ihrem Ego, während Carola ein Hilfsprojekt nach dem anderen in Angriff nahm. Auf die Unterstützung seitens ihres Gemahls konnte sie dabei jederzeit zählen. Auch Elisabeth wäre bei Franz Joseph offene Türen eingelaufen, hätte sie sich jemals um ein soziales Engagement bemüht. Doch die unstete Kaiserin war vor sich selbst auf der Flucht, um »zu Schiff die Meere zu durchkreuzen, ein ›Fliegender Holländer‹, bis ich (Sisi) einmal versunken und verschwunden sein

werde.« Auch Carola liebte das Reisen. Doch ihre Auslandsaufenthalte waren entweder Staatsbesuche, oder sie dienten der Erholung nach angestrengter Arbeit.

Das sächsische Königspaar war kinderlos geblieben. Trotz zahlreicher Kuraufenthalte in Bad Elster und anderen Bädern, deren Quellen man eine diesbezügliche Heilung zuschrieb, blieb der ersehnte Thronerbe aus. So war es klar, daß die Krone einmal dem ältesten Sohn ihres Schwagers Georg, dem Prinzen Friedrich August zufallen würde. Friedrich August heiratete 1891 Louisa von Toskana. Mit dem Einzug der Erzherzogin prallten die Generationsgegensätze aufeinander. Louisa, die ebenso wie Kaiserin Elisabeth von Österreich aller Etikette und allem Zeremoniell abhold war, geriet mehrmals in ernste Konflikte mit Carola. Die Königin trat der Erzherzogin mit Unvoreingenommenheit und Sympathie entgegen. Anfangs ging auch alles gut. Louisa wirkte wie ein frischer Wind. Doch bald beging sie unverzeihliche Fehler. So erhielt Louisa aufgrund ihrer Stellung als Kronprinzessin die Smaragdgarnitur des sächsischen Kronschatzes zur persönlichen Verfügung. Die Erzherzogin hatte nichts Eiligeres zu tun, als die Schmuckstücke nach ihrem persönlichen Gusto umfassen zu lassen. Sie legte den so gestalteten Schmuck zum erstenmal zu einer Galavorstellung in der Oper an. Carola und Albert beobachteten sie zunächst aus ihrer Loge mit den Operngläsern. Während der Pause stellten sie Louisa zur Rede. Der Eklat war perfekt. Die Kronprinzessin war sich natür-

Das sächsische Königshaus im Jahr 1880.
Hinten, von links nach rechts: Prinz Friedrich August, König Albert, Prinz Georg, Prinz Johann Georg; vorn, von links nach rechts: Prinzessin Mathilde, Prinzessin Maria Josepha, Prinzessin Maria Anna mit Prinz Albert, Königin Carola, Prinz Max.

Die königliche Villa in Dresden-Strehlen.

lich keiner Schuld bewußt. Es kam zu einer unangenehmen Auseinandersetzung, in deren Verlauf selbst die Zuschauer in den Parkettreihen zu Zeugen des peinlichen Vorfalls wurden.

Das Privatleben Carolas spielte sich vorzugsweise in Strehlen ab. Sie hatte die Villa bei einem ihrer Morgenspaziergänge vom Großen Garten aus entdeckt. Das Kronprinzenpaar war auf der Suche nach einem Sommersitz. Das zweistöckige Haus schien dafür bestens geeignet. Es lag inmitten einer ländlichen Idylle in unmittelbarer Umgebung der Hauptstadt. Incognito besichtigten Carola und Albert das Gebäude. Zum Grundstück gehörten ein Obstgarten und ein Teich. Das Haus wurde 1859 gekauft. Ein Jahr später fand der Einzug statt.

Carola und Albert lebten nun von Anfang April bis November eines jeden Jahres in Strehlen. Die

Villa wurde nach ihrem persönlichen Geschmack eingerichtet. Die Wohnräume des Königspaares lagen nebeneinander in der Belle etage. Im Erdgeschoß befanden sich Gesellschaftsräume. Prinz Wasa, der Vater der Königin, bezog die Fremdenzimmer im Parterre, wenn er seine Tochter besuchte. Im ganzen Haus herrschte eine sehr private Atmosphäre. Nach dem Diner plauderte man im kleinen Kreis. Nachmittags wurden im Garten Spiele gemacht. Albert rauchte gemütlich seine Zigarre und beobachtete dabei die Enten auf dem Teich. Der Obstgarten wurde gehegt und gepflegt. Zur Einkochzeit hatte Carola alle Hände voll zu tun, um der Ernte Herr zu werden. Sie stand in einer eigens dafür eingerichteten Küche selbst hinter dem Herd und bereitete aus den geernteten Früchten Obstge-

Gartensalon der Strehlener Villa.

lees in allen Variationen. Als König Albert eines Abends von der Jagd zurückkam, fand er Carola inmitten von Kasserollen und Spirituskochern. Er meinte, daß er noch nie in eine solche hübsche Hexenküche gekommen sei. Das Einkochgut ließ die Königin an Bedürftige verteilen.

Oft kamen auch die Kinder ihres Schwagers Georg nach Strehlen zu Besuch. Nach dem Tod ihrer Schwägerin Maria Anna nahm sich Carola ganz selbstverständlich den halbwaisen Prinzessinnen und Prinzen an und versuchte so gut wie möglich, ihnen die Mutter zu ersetzen.

Im Mai 1902 reiste das Königspaar nach Sybillenort. Wenige Wochen später lief in Sachsen die Nachricht ein, daß König Albert ernsthaft erkrankt sei. Man mußte mit seinem Ableben rechnen. Zur allgemeinen Freude besserte sich das Befinden Alberts wieder, aber es war nur ein immer wiederkehrendes kurzes Aufbäumen gegen das bevorstehende Ende. Carola wich in diesen Wochen nicht von der Seite ihres Gemahls. Am 18. Juni 1902 beging das Königspaar seinen 49. Hochzeitstag. Albert, der wohl spürte, daß ihm nicht mehr viel Zeit bleiben würde, dankte Carola für die Jahre, die sie zusammen verbracht hatten, mit einem Rosenbouquet. Eine der schönsten daraus hatte er sich geben lassen. Diese überreichte er seinem »einzigen Engel« mit einem langen, stummen Blick. Carola, die sich die ganzen Wochen über tapfer gehalten hatte, verlor ihre Selbstbeherrschung und weinte bitterlich.

Am Abend des 19. Juni, kurz nach 8 Uhr, starb König Albert. Einen Tag später traf die übrige königliche Familie in Sybillenort ein. Carola hatte in der Nacht die Totenwache gehalten. Louisa von Toskana schreibt in ihren Erinnerungen, »… so wurden wir in das Sterbezimmer des Königs geführt, wo die Witwe mit ihrem geliebten Toten verblieben war. König Albert lag in seinem Bett, das edle Ge-

sicht voll Ruhe und Schönheit. Die Hände waren über dem feinen Leinentuch, das über ihn gezogen war, gekreuzt; einige Rosen lagen über dasselbe gestreut. Königin Carola kniete auf einem Betstuhl, das Gesicht in die Hände vergraben. Zwei Kerzen brannten zu Häupten des Toten; ich blickte auf die beiden regungslosen Gestalten, eine Welle großer Trauer kam über mich, mein Herz erfüllte unsagbares Mitleid für die von Schmerz heimgesuchte Frau. Ich konnte nicht viel sagen, denn ich sah, daß sie den einzigen Wunsch hatte, allein gelassen zu werden. So küßte ich sie in schweigender Zärtlichkeit und verließ den Raum ebenso leise, wie ich gekommen war.«

Der Leichnam König Alberts wurde am 23. Juni 1902 in der Katholischen Hofkirche beigesetzt. Unter der Vielzahl von Kränzen befand sich auch der Carolas. Er trug die Aufschrift »Dem einziggeliebten Manne«.

Der Königin sollten noch fünf Lebensjahre vergönnt sein. Sie verbrachte sie meist in aller Zurückgezogenheit in ihrer Strehlener Villa. Frei von höfischer Repräsentationspflicht vereinfachte sie ihren Haushalt bis zur äußersten Bescheidenheit. Als Witwe trug sie einfache Wollkleider und ein schlichtes Häubchen, wie jede Bürgersfrau. Ihr einziger Schmuck war eine Brosche mit dem Bild König Alberts. Ihre Korrespondenz führte Carola auf einfachem Schreibpapier, das ein schmaler Trauerrand zierte. Nach wie vor widmete sie ihre Aufmerksamkeit den sozialen Aufgaben, denn fast ihre gesamten

Einkünfte stellte sie in den Dienst der Karitas. Hin und wieder empfing sie Besuch von Verwandten und Freunden. Reisen nach Rehefeld und Sybillenort brachten liebgewordene Erinnerungen zurück. Schon seit längerem litt Carola an Diabetes. Bald kam ein Blasen- und Nierenbeckenkatarrh hinzu. Am 11. Dezember 1907 unternahm sie noch einmal eine Spazierfahrt durch den Park ihrer Strehlener Villa. Es war wie ein Abschiednehmen. Nach ihrer Rückkehr verschlimmerte sich ihr Gesundheitszustand plötzlich. Die Königin bekam hohes Fieber und Schüttelfrost. Der behandelnde Arzt konstatierte, daß durch die mangelnde Funktionstüchtigkeit der harnableitenden Organe Urämie eingetreten war. Carolas Zustand wurde lebensbedrohlich. Zwei Tage später empfing sie aus der Hand ihres Beichtvaters die Sterbesakramente. In der Nacht vom 13. auf den 14. Dezember 1907 zeichnete sich das beginnende Ende ab. Carola war zeitweise ohne Bewußtsein. In ihren letzten Stunden versammelten sich nochmals die Mitglieder des Königshauses und der gesamte Hofstaat an ihrem Sterbebett. Noch einmal flackerte Carolas Lebensflamme auf. Prinzessin Maria Immaculata, die Schwägerin König Friedrich Augusts III., und die königlichen Leibärzte wachten an ihrem Lager. Am Sonntag, dem 15. Dezember 1907, nachts um 3 Uhr 37 Minuten entschlummerte Carola sanft und ohne Todeskampf.

Der Tod Königin Carolas löste nicht nur in Sachsen eine Welle der Trauer und Anteilnahme aus. Auch aus dem übrigen Deutschen Reich und aus

dem benachbarten Ausland trafen viele Beileidsbekundungen ein. Die Zeitungen überschlugen sich bei der Würdigung ihres Lebenswerkes. So schrieb die »Kölnische Volkszeitung«: »Ihre Tränen galten dem menschlichen Elend in allen seinen Formen. Sie hatte eine wahre Leidenschaft, zu geben, zu trösten, zu helfen, wohlzutun. Hunderttausende von Mark spendete sie alljährlich; jede Art von christlichem Liebesdienst fand sie zur Beihilfe bereit. Und was das wichtigste ist, sie gab mit dem Herzen und mit klugem, erwägendem Verständnis für den einzelnen Fall. Jegliche Betätigung der christlichen Karitas interessierte sie: Armenhäuser, allgemeine Krankenhäuser, Lungenheilstätten, Krüppelheime, Volksküchen und andere Institute hatte sie selbst in großer Zahl ins Leben gerufen und bis ins kleinste an ihrer Verwaltung mitgewirkt bis zu ihrem Tode«.

Die aufgebahrte Königin.

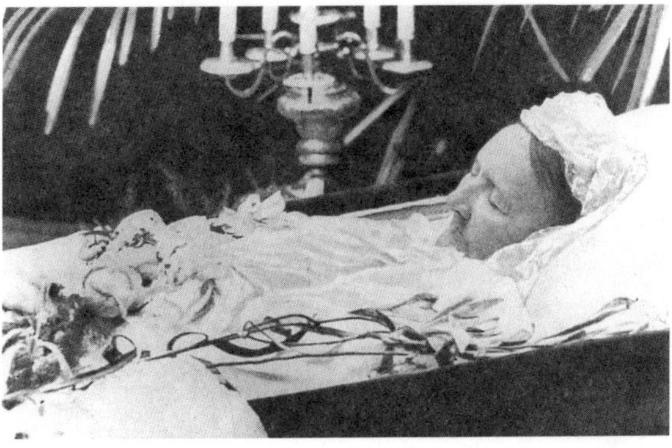

Der Leichnam der Königin wurde im Wintergarten der Villa Strehlen unter Palmen aufgebahrt. So hatten die Sachsen noch einmal Gelegenheit, von ihrer Landesmutter Abschied zu nehmen. Viele Tausend kamen, Carola zum letztenmal zu sehen. Am Dienstag, dem 17. Dezember 1907, wurde der Sarg unter dem Geläut sämtlicher Kirchenglocken Dresdens nach der Katholischen Hofkirche überführt. Abertausende säumten den Weg von der königlichen Villa bis zur Kathedrale.

Im Beisein König Friedrich Augusts III. und zahlreicher europäischer Fürstlichkeiten fanden die sterblichen Überreste von Sachsens letzter Königin an der Seite König Alberts ihre letzte Ruhestätte.

Zum Andenken an diese außergewöhnliche Frau rief der Landtag die »Königin-Carola-Gedächtnisstiftung« ins Leben. Diese besaß die Aufgabe, das Lebenswerk Carolas zu erhalten. Bis nach dem Zweiten Weltkrieg konnte sie diese Aufgabe mit großem Erfolg wahrnehmen.

EPILOG

Als Carola am 29. Oktober 1873 an der Seite König Alberts den Thron der Wettiner bestieg, ahnte noch niemand, daß sie die letzte Repräsentantin der Monarchie in Sachsen sein würde. Ihr Schwager Georg war seit 1859 mit Donna Maria Anna von Portugal glücklich verheiratet. Eine sechsköpfige Kinderschar schien den Bestand der Monarchie bis weit in das 20. Jahrhundert hinein zu sichern. Obwohl Maria Anna väterlicherseits aus dem Hause Sachsen-Coburg-Kohary stammte (ihr Vater heiratete 1836 in das portugiesische Königshaus ein), waren doch ihre Kindheit und Jugend im streng katholischen spanisch-portugiesischen Kulturkreis prägend für ihr ganzes Leben. Ihre tiefe Religiosität blieb auf Kinder und Ehemann nicht ohne Einfluß. Prinzessin Maria Anna sah es als ihre wichtigste Aufgabe an, die Erziehung ihrer Töchter und Söhne selbst in die Hand zu nehmen. Das Familienleben war denn auch ein sehr harmonisches. So wird berichtet, daß Maria Anna oft den Klaviervariationen ihres Gemahls lauschte. Prinz Georg besaß eine schöne weiche Baritonstimme, mit der er gern Schubertlieder interpretierte. Maria Anna hörte ihm andächtig zu. Sie beschäftigte sich dabei mit Handarbeiten oder malte. Das prinzliche Paar trennte sich so gut wie nie. Lediglich die Kriegsereignisse von 1866 und

1870/71 unterbrachen ihr glückliches Familienleben. Doch auch im Feld blieben sie in Verbindung. Die Prinzessin konnte sich rühmen, 207 Briefe von ihrem Gemahl aus Frankreich erhalten zu haben. Im Jahre 1884 wollten Maria Anna und Georg ihre Silberne Hochzeit feiern. Das Schicksal bestimmte es anders. Am 5. Februar 1884 starb die Prinzessin an Typhus. Georg verwand den Tod seiner Gemahlin nie. Sein Palais in der Zinzendorffstraße, in dem sich gern Künstler und Gelehrte trafen, vereinsamte. Der Prinz zog sich immer mehr aus dem gesellschaftlichen Leben zurück. Er suchte Trost in der Religion, in die er sich bis zur Bigotterie steigerte. Er wurde verbittert, unduldsam und abweisend gegen jedermann. In der Bevölkerung brachte ihm dies – da alle Wettiner bekanntlich einen Beinamen tragen – den Spottnamen Georg »der Grämliche« ein. Um so überraschter reagierte die Öffentlichkeit auf die Nachricht, daß er nach dem Tod seines Bruders das Erbfolgerecht für sich in Anspruch nahm und mit 70 Jahren die Nachfolge König Alberts antrat. Eigentlich wäre es klüger gewesen, der jüngeren Generation Platz zu machen und seinem erstgeborenen Sohn den Vorrang einzuräumen. Friedrich August war seit langem für die Thronfolge vorgesehen. Doch wie in fast allen Dynastien litt auch Georg sein ganzes Leben darunter, der »Zweite« gewesen zu sein. Jetzt sah er sich plötzlich der Erfüllung seines geheimsten Wunsches gegenüber und wollte um nichts in der Welt auf die Königswürde verzichten. Als Vorwand für seine Weigerung, Friedrich August die Krone zu

übertragen, diente das gespannte Verhältnis zu seiner Schwiegertochter Louisa von Toskana. Die Erzherzogin litt unter Georgs Intoleranz und seiner erzkonservativen Weltanschauung. Georg seinerseits fand Louisa viel zu »freigeistig« und zu unreif für die Stellung als Königin. Sekundiert wurde er dabei von seiner Tochter Mathilde. Diese hatte sich nicht zu Unrecht Hoffnungen auf den österreichischen Thronfolger Rudolf gemacht, – eine Verbindung, die durchaus auch auf die Zustimmung Kaiser Franz Josephs hoffen durfte. Vom Erzherzog bekam Mathilde nicht den ersehnten Antrag, sondern einen Korb. Statt als Kronprinzessin der Donaumonarchie in Wien Furore machen zu können, war es ihr bestimmt, dem alternden Vater Gesellschaft zu leisten und seine Launen zu ertragen. So war es zwangsläufig, daß Mathilde den Frust über ihre zerronnenen Träume bei jeder Gelegenheit an ihrer glücklich verheirateten Schwägerin, die in absehbarer Zeit Königin von Sachsen sein würde, abließ. Und Friedrich August? Er schwankte zwischen Sohnesgehorsam und seiner Beschützerrolle als Ehemann. Aufgrund seiner persönlichen Integrität hielt er es für ausgeschlossen, daß es irgend jemand wagen würde, gegen seine Gemahlin eine Kabale einzufädeln. Louisa fühlte sich allein gelassen. Das Verhältnis zu ihrem Schwiegervater wurde von Woche zu Woche gespannter. Jetzt, da Georg König war, traten ihre beiderseitigen Abneigungen immer offener zutage. Die Kronprinzessin war in Sachsen sehr beliebt. Man nannte sie »unsere Louisa« und überhäufte sie, be-

Louisa von Toskana, ehemalige Kronprinzessin von Sachsen, um 1910.

sonders im Beisein Georgs, mit offenen Sympathiebekundungen. Dies nahm den neue König noch mehr gegen seine Schwiegertochter ein. Louisa bezeichnete sich in ihren 1911 erschienenen Memoiren als das Opfer einer Intrige ihres Schwiegervaters und dessen Vertrauten. Hals über Kopf floh sie Anfang Dezember 1902 aus Dresden, als man sie beschuldigte, eine Affäre mit dem Erzieher ihrer Söhne, dem Belgier Monsier Giron, begonnen zu haben. Zunächst reiste sie zu ihrer Familie nach Salzburg. Hier schüttete sie ihr Herz über Georgs Antipathie und Friedrich Augusts mangelnde Solidarität ihr gegenüber aus. Doch zu ihrem Erstaunen fand Louisa bei ihren Eltern weder Glauben noch Verständnis. Lediglich Bruder Leopold, der durch seine Absicht, ein Mädchen aus dem Volk zu heiraten, zum Schwarzen Schaf der Familie geworden war, sagte ihr seine Unterstützung zu. Die Geschwister reisten denn auch in die Schweiz, wo sich Louisa noch einmal mit Giron traf, um, wie sie selbst sagte, »etwas zu tun, was meine Rückkehr nach Dresden wirksam verhinderte …«

Im Jahre 1903 wurde die Ehe Friedrich Augusts mit Louisa von Toskana »wegen Ehebruchs der Frau Beklagten« geschieden. Es gab noch eine langwierige juristische Auseinandersetzung um Friedrich Augusts jüngste Tochter Anna Monica Pia, denn als Louisa Dresden verließ, war sie im dritten Monat schwanger. Anna Monica Pia kam 1903 in Lindau am Bodensee zur Welt und lebte mit ihrer Mutter in Florenz. Friedrich August war schon einige Jahre König, bevor er

mit der Rückkehr der Tochter seine sechs Kinder wieder vollzählig um sich versammeln konnte.

Carola scheint sich in den Jahren nach Alberts Tod nie in die innerfamiliären Zwistigkeiten des Königshauses vermittelnd eingeschaltet zu haben. Louisa von Toskana war und blieb das »enfant terrible«, das schließlich durch seine Eheschließung mit dem 13 Jahre jüngeren italienischen Komponisten und Klavierspieler Enrico Toselli das letzte Band zwischen sich und den Seinen endgültig zerschnitt. Als Sachsens ehemalige Kronprinzessin, zum zweitenmal geschieden und völlig verarmt, 1947 in Brüssel starb, gab es nur noch ganz wenige, die sich ihrer erinnerten.

Der Skandal im sächsischen Königshaus schadete der Monarchie kaum, obwohl er wie ein Vorgriff auf die heutigen Vorkommnisse im Hause Windsor anmutet, die uns die Regenbogenpresse allwöchentlich serviert. Friedrich August war und blieb einer der beliebtesten Wettiner. Seine Leutseligkeit sowie die Tatsache, daß ihm die Ehefrau durchgebrannt war und er mit seinen sechs Kindern allein im Dresdner Schloß saß, verstärkte die Sympathien seiner Landeskinder eher noch.

Als die Monarchie 1918 in Deutschland zu Ende ging und auch Friedrich August III. abdankte, verzichtete er als einziger der regierenden deutschen Fürsten nur für seine Person, nicht jedoch für sein Haus auf den Thron. So besteht de jure bis auf den heutigen Tag die Möglichkeit, daß Carola vielleicht doch nicht Sachsens letzte Königin war.

QUELLENVERZEICHNIS

Bagger, E.: Franz Joseph. Eine Persönlichkeitsstudie. – Zürich/Leipzig/Wien 1927

Klein, E.: Carola, Königin-Witwe von Sachsen. – Freiburg/Brg. 1908

Klengel, A.: Jagdschloß Rehefeld. Landesverein Sächs. Heimatschutz Bd. XI. Heft 10–12. – Dresden 1922

Kretzschmar, H.: Lebenserinnerungen des Königs Johann von Sachsen = Dt. Geschichtsquellen des 19. und 20. Jhdts. Bd. 42. – Göttingen 1958

Müller, Dr.: Königin Carola und die praktische Mädchenerziehung in Sachsen = Wiss. Beilage der Leipziger Zeitung Nr. 51/1907

Paléologue, M.: Vertrauliche Gespräche mit der Kaiserin Eugenie. – Dresden 1928

Sachsen, J. G. zu: Briefwechsel zwischen König Johann von Sachsen und den Königen Friedrich Wilhelm IV. und Wilhelm I. von Preussen. – Leipzig 1911

ders.: Königin Carola. 1833 – 5. August – 1933 = N. A. f. s. G. LV/1934

Schimpff, O. v.: Aus dem Leben der Königin Carola von Sachsen. – Leipzig 1898

ders.: König Albert. Fünfzig Jahre Soldat. – Dresden 1893

Sturmhoefel, K.: Illustrierte Geschichte der sächsischen Lande und ihrer Herrscher, Bd. II/2. – Leipzig o. J.

Toskana, L. v.: Mein Lebensweg. – Berlin 1911
Vogler, G. (Hrsg.): Europäische Herrscher. – Weimar 1988
Zahn, L.: Eine Frau kämpft gegen Napoleon. Das Leben der Madame de Staël. – Berlin 1939

BILDNACHWEIS

Sächsische Landesbibliothek, Abt. Deutsche Fotothek: Schutzumschlagmotiv (Reinecke), 65 (E. A. Donadini); Archiv der Autorin: Alle weiteren Abbildungen

TaVe